集人文社科之思　刊专业学术之声

集 刊 名：文化与传播研究
主办单位：湖北大学新闻传播学院
主　　编：廖声武
执行主编：路俊卫

RESEARCH ON CULTURE AND COMMUNICATION (2018)

投稿邮箱

68833300@qq.com

2018年卷

集刊序列号：PIJ-2017-196
中国集刊网：www.jikan.com.cn
集刊投约稿平台：www.iedol.cn

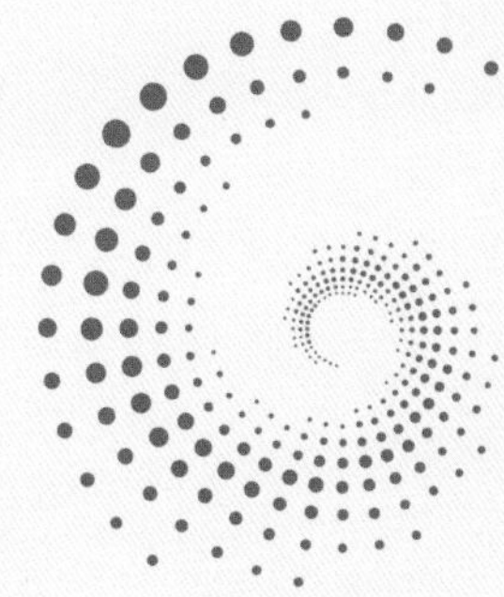

RESEARCH ON
CULTURE AND COMMUNICATION
(2018)

文化与传播研究

（2018年卷）

湖北大学新闻传播学院／编
廖声武／主编
路俊卫／执行主编

社会科学文献出版社
SOCIAL SCIENCES ACADEMIC PRESS (CHINA)

文化与传播研究 2018年卷

目录

◇ 特稿 ◇

◇ 传播学研究 ◇

◇ 新闻理论研究 ◇

◇ 媒介文化 ◇

◇ 新闻实务 ◇

◇ 广告传播 ◇

◇ 新媒体传播 ◇

◇ 会议综述 ◇

◇ 特稿

马克思主义新闻观的坚守和新闻舆论工作创新*

童　兵**

摘　要： 在当前纷繁复杂的国际环境下，学习和坚守马克思主义新闻观具有重要意义。本文从马克思主义的五个基本哲学理念入手，探讨学习和坚守马克思主义新闻观的路径和方法；践行马克思主义新闻观，必须建立必要的新闻舆论传播规范，即真实报道、党性原则、全民办报、舆论导向、新闻操守、以人为本。

关键词： 马克思主义新闻观　新闻舆论工作　新闻规范

什么叫新闻学？什么叫马克思主义新闻学？什么叫马克思主义新闻观？新闻学子需要厘清这三个概念。新闻学是最大的概念，超阶级、跨地域，它是研究新闻传播活动、新闻传媒生产及流通规律的一门科学。古今中外，莫不如此。《人民日报》有二十几个子报子刊，有二十几个公众号，近十个网站，每天向全国发送新闻信息，2016 年其受众达到 3.5 亿人。美国的《纽约时报》也是一种新闻传播的媒介。当今世界上，意识形态领域分为两大类：一类是马克思主义；另一类是非马克思主义，如资本主义意识形态、封建主义意识形态。真正研究马克思主义新闻学的国家实际上很少，大概只有中国。马克思主义新闻学是指研究马克思主义经典作家关于新闻传播活动、新闻传媒生产及流通规律观点学说的理论体系。马克思主义新闻观则指马克思主义新闻学的观点体系，即马克思主义经典作家关于

---

* 本文系童兵教授在湖北大学新闻传播学院讲座的记录稿，已经本人审阅。

** 童兵，复旦大学新闻学院教授、博士生导师。

新闻传播活动、新闻传媒生产及流通规律的代表性观点。以下我们要讨论三个问题。

一　当代语境下坚守马克思主义新闻观的意义

我们要解决的重要问题是当前中国为何要坚守马克思主义新闻观，而不是削弱与放弃。有几种情况需要我们思考。

第一，马克思主义新闻观是社会主义国家的一切媒体必须遵循的基本立场和政治规范。所有社会主义国家都必须坚守这个立场和规范。我们需要从两个方面理解这个观点。

首先，马克思主义新闻观指出了新闻传播活动的基本规律，规定了新闻传媒工作的方针和规范。资产阶级报纸的报道、美国之音电台的报道、福克斯电视台的报道都要遵循新闻传播活动规律，没有一个资本主义国家可以不遵守这个规律。不遵守新闻传播活动的基本规律，媒体就无法生存，这是人们对媒体的基本要求。但马克思主义者对正式的新闻报道有特殊的要求。一般西方媒体对新闻报道的要求是事实真实，即事有其事，人有其人。但中国对新闻报道的要求远不止这一点，我们要求总体的真实，指一家媒体在一个相对长的时间段内对事件的报道必须真实。比如说，党的十八大以来，据我自己的统计，自十八大开完后的三年多时间里，每天被双规的各类干部一百个左右，被双规的副局级以上的干部一星期两个左右，被双规的部级干部十天一个，反腐败的力度在全世界前所未有。2017年在筹备十九大的宣传报道工作中，很重要的就是既要肯定中国共产党第十八届中央委员会反腐败的工作成就，又要把经验与不足报道清楚，这就是一个总体政策的要求，而西方没有这个要求。我们对真实性还有一个要求，就是要符合事实的本质，不仅事实要真实，还要在一定的程度上揭示事件的本质。新闻报道要做到总体真实并不容易。

其次，马克思主义新闻观规定了一切新闻理论纷争的基本立场和是非准则，引导新闻工作者坚持新闻理想和新闻职业操守。新闻理论的争论特别多，很多问题的是是非非说不清楚。什么是对的，我们需要坚持，什么是错的，我们需要反对，不学就弄不清楚。例如，有偿新闻危害新闻真实性、记者采访收红包等现象，我们对此都需要保持警惕。新闻工作者要坚持新闻理想，不要被眼前利益所诱惑。

第二，苏联解体的教训告诉我们，放弃马克思主义新闻观的指导地位，一个政党的新闻政策和新闻改革必然彻底失败。

第三，把握网络核心技术的“命门”，需要马克思主义新闻观指导。网络安全非常重要。习总书记说：“没有网络安全就没有国家安全……”① 今天的网络包含着很多国家秘密、党的秘密、科学技术秘密、工业生产的秘密，包括大家每个人的隐私。截至2017年，中国已经成为互联网应用大国，网民7亿，世界第一。网站450万个，访问量仅次于美国，但存在数量多、含金量低的问题。手机用户13亿，移动网络用户4亿。手机在当今社会中是真的很重要。要强调的是，中国虽是互联网应用大国，还远远不是互联网强国。真正的互联网强国是美国、日本、澳大利亚、新西兰等发达国家。中国互联网普及率刚过半，互联网产业市值比美国差很多。中国最大的互联网企业腾讯的市值有3000亿美元，但和美国微软等公司比还差很远。每年政府网站3000多个被“黑”，中央和省市这一级的都包括在内。用习总书记的话来说：“互联网核心技术是我们最大的‘命门’。”② 互联网产品国外生产居多。我们手机的芯片，大多来自国外，我们的服务器多来自美国。

从以上几个角度来看，我们一定要坚持马克思主义新闻观。不用马克思主义新闻观武装自己，就发展不好技术，就会替别人充当耳朵、充当眼睛。

二　以习近平总书记重要讲话精神为指导，学习和坚守马克思主义新闻观

习近平总书记在2016年的“2·19”讲话中提到：“新闻观是新闻舆

① 《习近平谈治国理政》，外文出版社，2014，第198页。

② 习近平：《在网络安全和信息化工作座谈会上的讲话》，人民出版社，2016，第10页。

论工作的灵魂。”[①] 新闻工作者必须学习和坚守马克思主义新闻观。结合新媒体时代的实际，以习近平总书记重要讲话精神为指导，下面我从哲学的角度切入，谈一些方法，供各位参考。

第一，从事物联系的普遍性考察当前国家交往和社会交往的必要性，同时又高度关注国家交往和社会交往的复杂性。我们在学习新闻观的时候，一个重要的切入点就是人和人之间的联系、国家和国家之间的联系、人和社会之间的联系。马克思主义新闻观告诉我们，联系是客观的，又是普遍的。因此，必须通过法律保障的途径保护不同国家和地区、不同利益诉求的人们之间的合法交往，更加广泛和深刻地推动新闻信息的传播活动。在“2·19”讲话中，习近平提出“四十八字”箴言，其中“联接中外、沟通世界”[②] 即强调把中国同全球联系起来。马克思主义新闻观又告诉我们，事物之间的联系是以差别为前提的，如果否认了事物之间的界限，就不能区分事物，就无法知道究竟是什么在联系它们以及它们是如何联系的。与此相反，形而上学却把事物之间的差异和界限绝对化，完全否认事物之间的联系。我之前从来没来过湖北大学，但我知道湖北大学，湖北大学出过不少好文章，我在这里也有一些好朋友，这就是联系。在座的可能很多人都没去过复旦大学，但很有可能你们中学的某一个同学考上了复旦，你和他有联系，你通过报纸、杂志、互联网了解复旦，都能够与复旦产生联系，所以说联系是普遍的，联系是客观的，联系是以差别为前提的。马克思主义新闻观还告诉我们，事物之间的联系是要经过中介的，任何事物之间不论存在多大差异，都可以通过中介实现沟通和交流。上述马克思主义新闻观要求我们，一要尊重和保护人际交往的权利，二要看到传媒的社会使命。为实现人们之间的合法交往，传媒人必须努力工作，在依法治国的进程中，媒体肩负着重大责任。

第二，从存在决定思维的规律认识新闻传播的本质，提升满足公民的知情权、表达权、参与权和监督权需求的自觉性，同时又努力增强新闻传播特别是网络传播信息安全的责任感。新闻人一定要懂得先有事实，后有

① 《习近平谈治国理政》第 2 卷，外文出版社，2017，第 332 页。

② 《习近平谈治国理政》第 2 卷，外文出版社，2017，第 332 页。

新闻。事实是第一性的，新闻是第二性的。

在知情权方面，2008 年 5 月 1 日出台了《中华人民共和国政府信息公开条例》。存在决定思维，我们既要尊重事实，又要尊重老百姓的利益需求，尊重老百姓的审美需求，只有这样我们新闻报道、信息传播才有正确的方向，才会把握好度，才会有效。马克思主义新闻观指出，新闻传播是人们有明确目的和动机的社会行为，是人们认知外部世界和反映外部世界的意识活动。因此，充分保障信息传播的真实性和客观性，确保媒体的公信力和吸引力，是媒体重要的社会责任。在“2·19”讲话中，习近平强调：“真实性是新闻的生命。要根据事实来描述事实，既准确报道个别事实，又从宏观上把握和反映事件或事物的全貌。”① 马克思主义新闻观又指出，人的意识活动具有能动性。我们要努力防范西方敌对势力对我们的媒体失误和不慎报道的不当利用，不断提高抵制和平演变的警觉性。在“2·19”讲话中，习近平强调：“团结稳定鼓劲、正面宣传为主，是党的新闻舆论工作必须遵循的基本方针。”②

第三，用对立统一规律来认知新闻传播机制，把握好公开透明的度。媒体每天从不同的事物中选择哪些可以报道，哪些不能报道，哪些需要大报道，哪些需要小报道，哪些要放在头版，哪些只能放在报尾。我们人类社会总是存在很多对立，马克思主义新闻观指出，新闻传受双方所传播与接受的各种信息、观念和舆论，实际上都是自然界和社会生活中各种矛盾事物及其每一个矛盾侧面的公开披露，无一不是传受双方对这些矛盾事物及其侧面数量上的把握和性质上的认定。新闻传播者每天、每时、每刻都在对如汪洋大海般涌来的成绩与问题、好人好事与坏人丑事、大好形势与缺点不足等事实进行考察选择，权衡其利弊得失，对报道时机的快与慢、信息量的大与小、新闻处理的重与轻等进行决策定夺。在“2·19”讲话中，习近平强调：“舆论监督和正面宣传是统一的。新闻媒体要直面工作中存在的问题，直面社会丑恶现象，激浊扬清、针砭时弊，同时发表批评

① 《习近平谈治国理政》第 2 卷，外文出版社，2017，第 333 页。

② 《习近平谈治国理政》第 2 卷，外文出版社，2017，第 333 页。

性报道要事实准确、分析客观。”[①] 马克思主义新闻观还指出，体现事物质与量对立统一的是度。所谓度，就是事物保持自己质的量的限度，是和事物的质相统一的限量。在当前，正确把握公开与保密、透明与模糊，亦即正确把握“新闻、旧闻、不闻”的新闻处理准则，是让党和政府及广大人民群众满意的当务之急。引导新闻工作者学会选择用事实说话和用事实引导舆论，是另一个有待解决的问题。

第四，从经济基础与上层建筑互动的社会运行规律认识新闻事业和新闻产业的性质，既坚持同经济政治体制改革共同推进，又坚持党管媒体的社会主义基本新闻体制。马克思主义新闻观指出，新闻事业是一种上层建筑，但并非政治上层建筑即国家机器，而是思想上层建筑即意识形态。中国和美国不一样。美国的媒体几乎是私营媒体，美国的国营媒体只有一家，就是美国之音，以及美国之音所办的电台、电视台、报纸、网站。中国的报纸、电台、电视台全是国有的，传统的一套新闻观对当时的中国媒介实践是完全适用的。但在今天，我们的经济发生了翻天覆地的变化，我们既有国有经济，又有私营经济，还有外资经济。在这种情况下，原来的一套已经不适用了，适应不了媒体当下发展的需要。我们还没有新闻法，法律不跟进，立法落后，不重视依法治国，就无法适应时代要求。因此，在社会主义国家，新闻事业既要为巩固经济基础尽心尽力，又要按意识形态规律运营管理。遵循新闻传播规律和互联网规律，是执政党、政府和传媒领导者的共同责任。

马克思主义新闻观指出，意识形态是一种重要的政治资源，世界上没有一个明智的国家政权会放弃利用这种国家资源。坚持党对一切新闻事业和新闻产业的领导，要求其在国家利益、国家安全和法律框架内运行，是天然合理的。上层建筑的基本属性是由经济基础的基本属性规定的。随着中国国民经济的多元化、混合化发展，在国家拥有一定的新闻传播资源的条件下，要加快新闻立法进程，现有媒体对此应有充分的思想准备。在“2·19”讲话中，习近平强调：“做好党的新闻舆论工作，事关旗帜和道路，事关贯彻落实党的理论和路线方针政策，事关顺利推进党和国家各项

---

① 《习近平谈治国理政》第 2 卷，外文出版社，2017，第 333 页。

事业，事关全党全国各族人民凝聚力和向心力，事关党和国家前途命运……新闻舆论工作者要增强政治家办报意识，在围绕中心、服务大局中找准坐标定位，牢记社会责任……要转作风改文风，俯下身、沉下心，察实情、说实话、动真情，努力推出有思想、有温度、有品质的作品。”①

第五，从人民群众是历史的主人的马克思主义群众观出发，把人民群众当成新闻事业发展壮大的动力，把相信和依靠群众、全心全意为群众服务始终放在新闻工作的首位。新闻工作者要根据人民群众的需要，向他们提供适用的新闻作品和其他服务，要建立为群众服务的有效机制。马克思主义新闻观又指出，新闻工作者要同群众打成一片，了解群众的要求和愿望，懂得他们的语言和风格。同时，又要自觉接受群众的监督与批评，不断改进自己的工作。马克思主义认为，人民群众是历史的创造者，这是马克思主义新闻观的出发点。在“2·19”讲话中，习近平强调新闻工作者要“严格要求自己，加强道德修养，保持一身正气。要深化新闻单位干部人事制度改革，对新闻舆论工作者在政治上充分信任、工作上大胆使用、生活上真诚关心、待遇上及时保障。加强和改善党对新闻舆论工作的领导……领导干部要增强同媒体打交道的能力”②。

三　新闻舆论载体践行马克思主义新闻观应建立必要的新闻舆论传播规范

我们需要建构什么样的标准，什么样的规范，来进一步落实马克思主义新闻观呢？在此我提出这样几个规范。

第一，遵守新闻舆论传播的思想规范：真实报道。中国跟资本主义国家不一样。美国和日本强调事实真实，我们认为这不够，还需要总体真实、本质真实。要做到后两点很不容易，所以我们从学生时代就要学习马克思主义新闻观，不能忘掉这样一个标准。我经常对自己的学生说：“你离开老师，离开了新闻学院，出去当十年记者，回到母校，回到老师的身

① 《习近平谈治国理政》第2卷，外文出版社，2017，第331～334页。

② 《习近平谈治国理政》第2卷，外文出版社，2017，第334页。

边，你对老师最好的安慰就是拍着胸脯说‘报告老师，我当了十年记者，没写过一个假报道’，这样你就是一条汉子。但实际上很难做到，你看到的未必是真实的，见到的也未必是真实的。”脚板底下未必出新闻，脚板到了，出的可能是假报道、假新闻。有时对方太会演戏了，会用他的一套来对付记者。所以去当记者，眼睛一定要擦亮。这是把马克思主义新闻观落到实处最难做到的一点。

第二，遵守新闻舆论传播的政治规范：党性原则。坚持党性原则，首先要把马克思主义实事求是的原则贯彻在党报工作和新闻工作里；其次不要把人民性同党性对立起来。新闻舆论载体要从遵循党性原则入手，自觉遵守法律规范，特别是在调控非官方互联网站的过程中建构新的法律体系。

第三，遵守新闻舆论传播的组织规范：全民办报。新闻舆论载体要把全党办报、群众办报方针，调整和细化为适合新媒体时代动员和组织群众参与传统媒体和新兴媒体传播的相关方针，要寻求和改善吸引群众参与全民办报的形式、途径和方法，在坚持新闻舆论传播的通俗性、群众性的同时，建构新的、健康的全民办报的新机制。

第四，遵守新闻舆论传播的业务规范：舆论导向。我们做新闻工作无非三点：新闻、宣传、舆论。宣传就是为了舆论，所以最重要的就是新闻和舆论。在 2016 年“2・19”讲话中，习近平总书记重点探讨了新闻舆论工作。当前要把舆论导向做好，很重要的一点是客观上要承认与坚持三个舆论场，分别是官方舆论场，如《人民日报》、新华社、央视、人民网、新华网等；民间舆论场，要尊重和保护它；海外舆论场，现在接触信息的渠道很多很方便，但对海外舆论场的判断缺少参照物，又信又不信，又想看又不敢看，这种心理是不健康的，是需要去克服的。新闻舆论载体要针对三个舆论场，尤其是注意民间舆论场和海外舆论场对社会舆论影响广泛深刻的特点，要建立凝练三个舆论场对于社会舆论特别是敏感话题舆论最大公约数的机制，建立识别和化解谣言、流言影响的有效工作机制。在坚持反映民意和民情的同时，学会识别和反对民粹主义倾向。值得注意的是，2016 年我在人民网提出，中国还存在第四个舆论场，叫潜在舆论场。潜在舆论场既不是民间的，又不是官方的，也不是海外的，存在于喝茶时、喝酒时、朋友聊天时、回家发牢骚时等。对潜在舆论场，我们需要有足够的认识，而不是去限制。

第五，遵守新闻舆论传播的道德规范：新闻操守。学习和掌握马克思主义新闻观的目的，就是要让新闻从业者按新闻职业道德来运作媒体。在职业道德的问题上，我们存在三个通病：假报道、低俗报道、有偿新闻。这里讲一下有偿新闻，现在的有偿新闻已经发展到“有偿不闻”，就是掏钱让媒体不登某些新闻。有记者明察暗访一些公司，写好了调查报道，去找公司敲诈，拿钱便不登报，敲诈金额不等，很多企业不敢不掏钱。现在有些新闻人没有职业道德，不遵守马克思主义新闻观，这是令人深恶痛绝的。新闻舆论载体在坚持社会主义主流价值观的过程中，要广泛吸纳同行意志和观念，总结和梳理网络传媒的新闻职业操守，制定行业规范，尤其要在网络传播领域坚持新闻他律和新闻自律的统一上下功夫。

第六，遵守新闻舆论传播的经营规范：以人为本。我们新闻报道既要讲经济效益，又要讲社会效益。2016 年国家公布了一个文件，要把电视节目的社会效益量化，也就是说，每天播出的节目里面，坚持社会效益的占多少比例，要求不少于 50%，很多媒体做起来比较困难。我组织本科同学进行课堂讨论，第一次听到“裸条”这个词。知道“裸条”是什么后，我大吃一惊，有的大学生为了借 2000 ~ 6000 元竟然自愿让人拍裸照。吃这么大的亏，竟然还有这么多学生上当受骗，我真为她们感到悲哀！这是我们教育的责任，是我们老师的责任。把大学生放在什么样的位置上？为了区区 2000 元出卖自己的尊严，多可悲呀！所以学习好马克思主义新闻观，做好记者，敢不敢去揭露，敢不敢为大学生说话，敢不敢为这样的事情去采访相关领导，这些都是衡量我们马克思主义新闻观是否学好了，是否停留在表面上的参考标准。新闻舆论载体要把以人为本作为当前新闻传播工作的最高宗旨，把最广大人民群众的利益作为新闻舆论传播的出发点和落脚点。要自觉地把社会效益放在首位，把解放和发展文化生产力作为自己的使命。新闻舆论传媒要讲究作品的品质，不炒作，遵循网络传播规律，同时为确保信息安全制定有效的制度和办法。

小　结

首先，要充分认识当前学习和坚守马克思主义新闻观的重要性和必要性。其次，新闻舆论载体怎样坚守马克思主义新闻观？我从马克思主义五个基本哲学理念入手，结合习近平总书记的讲话去解答这个问题。同学们要提升学习和坚守马克思主义新闻观的自觉性。最后，我谈论了新闻舆论媒体践行马克思主义新闻观应建立六个新闻舆论传播规范，分别是真实报道、党性原则、全民办报、舆论导向、新闻操守、以人为本。

◇ 传播学研究

新时代网络空间治理理念的多维内涵探析

郭致杰　王灿发*

摘　要： 习近平网络空间治理理念是习近平新时代中国特色社会主义思想的重要组成部分，其内涵囊括网络群众理念、网络安全法治理念、网络内容建设理念、网络综合管理理念、网络战略愿景理念五个紧密联系、相互支撑的主题，分别蕴含了网络空间治理的根本价值归依、生态秩序保障、核心任务议题、现代创新方式、宏观部署方向五个维度的意义。习近平网络空间治理理念为实现网络强国的目标愿景提供了实践纲领与行动指南，也为共同构建网络空间命运共同体贡献了中国方案与中国智慧。

关键词： 网络空间治理　网络强国　网络空间命运共同体

互联网技术的升级迭代使网络空间治理成为国家治理体系中的重要组成部分。党的十八大以来，习近平总书记立足于全球互联网发展的时代特征与主流趋势，把握信息化社会传播的基本规律，聚焦当代中国网络空间中存在的问题，在多次重要讲话中富有创见地提出一系列关于互联网发展与治理的重要论述，形成了内涵多维、系统全面的习近平网络空间治理理念。

一　网络空间治理的根本价值归依：网络群众理念

“治理为了谁”“治理依靠谁”是进行网络空间治理需要明确的首要

* 郭致杰，中国传媒大学新闻学院2018级新闻学博士生；王灿发，中国传媒大学新闻学院教授、博士生导师，中国传媒大学习近平新闻观研究中心副主任。

问题。习近平总书记在网络空间治理问题的论述中所提出的“以人民为中心”“通过网络走群众路线”“同心圆”[①] 的治理理念共同构成了习近平网络空间治理理念中的“网络群众理念”。“网络群众理念”贯穿了马克思主义群众史观与马克思主义新闻观的立场与观点，是网络空间治理的根本价值归依。

（一）治理为民：贯彻“以人民为中心的发展思想”

习近平总书记指出：“网信事业要发展，必须贯彻以人民为中心的发展思想。”[②] 为了实现网络空间治理的目标，政府及相关部门应从以下三个方面贯彻落实“以人民为中心的发展思想”。第一，要加快完善互联网发展的基础设施建设，加大投入力度，促进信息化服务的普及，才能为广大人民提供优质优惠的信息服务水平。第二，要重视农村的信息化建设，充分发挥互联网的优势与作用，立足于实现农业现代化目标，推动“互联网 +”行动计划在农村教育、医疗、文化等领域的贯彻与实施；利用大数据及人工智能技术促进农业生产经营的智能化、信息化与网络化，助力农村脱贫攻坚、就业创业等。第三，加快政府部门电子政务系统的完善及发展，利用互联网信息化提高办事效率与服务质量。

（二）治理靠民：坚持“通过网络走群众路线”

“知政失者在草野。”网络作为新时代的“草野”，不仅是人民发表观点、参与公共事务的重要平台，而且是各级领导干部了解民意、服务群众、接受人民监督的关键渠道。为此，习近平总书记强调：“各级党政机关和领导干部要学会通过网络走群众路线……”[③] 走好网络群众路线，各级领导干部需要加强运用互联网新媒体的能力，积极运用网络平台创新工作方法，深入灵活地开展网上调研。

“两个一百年”奋斗目标的实现，需要全国人民团结一致，形成共同

① 习近平：《在网络安全和信息化工作座谈会上的讲话》，人民出版社，2016，第 5 ~ 7 页。

② 习近平：《在网络安全和信息化工作座谈会上的讲话》，人民出版社，2016，第 5 页。

③ 习近平：《在网络安全和信息化工作座谈会上的讲话》，人民出版社，2016，第 7 页。

的目标与价值观，需要线下空间和线上空间的社会动员与网络空间治理同时进行，才能达到凝聚力量、增进共识的效果。在网下、网上形成同心圆，需要从以下几个方面努力。首先，各级政府及新闻媒体要善于运用网络搜集、发现、分析舆情，创新有效地开展工作。各级领导干部要学会将网下、网上的舆情相互结合，促进线下、线上问题的沟通互动。新闻工作者要敏锐捕捉网上的社情民意及舆情动向，充分利用新媒体的传播优势，丰富与创新报道方式与手段，优化传播效果。其次，习近平总书记指出，对于网民要“多一些包容和耐心”①。要做到不同问题区别对待、区别处理。及时解决困难、提供帮助，及时释疑答惑、澄清谬误、化解怨言，做好网上舆论引导工作。

二　网络空间治理的生态秩序保障：网络安全法治理念

网络技术日新月异的迅猛发展让世界人民受益的同时也威胁着国家网络信息安全与生态秩序。因此，维护网络安全是网络空间治理的重要基石，同时对互联网进行依法治理则是保障网络空间秩序健康运行的根本途径。习近平总书记在重要场合多次提出的有关网络安全及法治的重要论断，成为网络空间治理的生态秩序保障。

（一）指导思想：树立正确的网络安全观

2014年4月15日，习近平总书记在中央国家安全委员会第一次全体会议上首次提出“总体国家安全观”②，网络安全作为新形势下国家安全观的核心构成要素，关系着国家安全发展的命脉。习近平总书记关于网络强国的重要思想体现了对于国家网络空间治理的宏观思考与顶层设计，具有战略指导意义。

第一，要处理好安全与发展的关系。安全是发展的前提与保障，只有

① 习近平：《在网络安全和信息化工作座谈会上的讲话》，人民出版社，2016，第8页。

② 《习近平谈治国理政》第2卷，外文出版社，2017，第381页。

解决好互联网存在的安全隐患问题，才能更好地促进互联网的健康持续发展。同时，只有不断地创新互联网技术，提高信息化水平，才能更好地克服安全隐患问题。因此，安全与发展是相辅相成的，需要统一进行谋划与部署、协调推进。

第二，用辩证思维看待网络安全。要充分认识到网络安全对于国家整体安全的重要性，也要明晰网络安全与其他安全要素的紧密关系；要时刻警惕并关注网络安全发展动态及形势；要主动学习吸收先进的技术理念，加强交流与合作；要立足于中国的基本国情进行网络安全防御；要努力动员社会各方面主体共同参与网络安全的维护。

（二）规制保障：构建依法治网体系

相应的公共规则与法律制度是保障网络空间秩序健康有序运行的重要前提。互联网赋予了广大网民自由的表达权，同时网络主体行为失范、网络空间失序的现象也出现了。构建依法治网体系，就是要处理好以下三对关系。

第一，虚拟与现实。习近平总书记指出："网络空间是虚拟的，但运用网络空间的主体是现实的……"① 因此，作为网络空间主体的企业与网民要依法履行自身的责任与义务，分别做到依法办网与依法上网。

第二，自由与秩序。网络空间中的自由不是无限制的自由，网络空间主体的行为规范需要纳入法治化轨道。同时，网络秩序的维护需要在网络空间内建立严格有力的制度规范，构建依法治网的体系。

第三，法律与道德。依法治网是依法治国的题中之义，是依法治国思想在网络空间领域的拓展延伸。依法治国与以德治国密不可分，同样，依法治网与以德治网也应该相辅相成，加强网络伦理建设，提高网民道德素养，促进网络文化繁荣，都将成为依法治网的重要补充。

三　网络空间治理的核心任务议题：网络内容建设理念

习近平总书记提出做好网上舆论工作，必须"坚持先进技术为支撑、

① 《习近平谈治国理政》第 2 卷，外文出版社，2017，第 534 页。

内容建设为根本”[①]。“网络内容建设理念”是网络空间治理的核心任务议题，只有及时清除治理网络空间中的负面内容，同时对正面信息及舆论进行正确引导，才能保证网络空间和谐有序、天朗气清。

（一）加强网上正面宣传，科学应对“三个地带”

当前，中国社会各种思潮交织激荡，促使民众产生了多元的心理诉求与价值取向。习近平总书记指出：“思想舆论领域大致有红色、黑色、灰色‘三个地带’。”[②] “三个地带”的判断，同样也适用于网络舆论领域。对于“三个地带”，我们需要分别采取不同的态度及策略。

第一，红色地带是主流意识形态与正面舆论的主阵地，需要坚决捍卫与巩固壮大，要加强正面宣传，坚定正确的政治方向，坚持正确的舆论导向。第二，黑色地带是我们需要花大力气重点治理的区域，需要采取坚决的态度勇于做斗争。对于敌对势力别有用心的言论与思想入侵，要保持高度的警惕与清晰的认知。第三，灰色地带是我们可以努力争取的舆论空间。对于灰色地带，我们要采取灵活耐心的策略，开展积极有效的动员工作，将其转化为红色地带。

（二）践行社会主义核心价值观，培育正能量的网络文化

网络文化是互联网内容建设的重要客体。网络作为当下文化传播的新兴渠道与平台，应该充分发挥其传播优势与强大的影响力，培育与弘扬具有正能量的中华优秀文化，如中央电视台推出的系列文化节目《中国汉字听写大会》《中国成语大会》《中国诗词大会》自播出后，受到广大观众的喜爱，引起社会的强烈反响，这些节目在互联网上也有在线播出平台，同时催生出与节目相关的网络热点话题，引发网民热议，掀起一股“中华文化热”。

（三）把握网络传播规律，构建网络舆论引导新格局

随着媒介格局与互联网信息传播秩序的深刻变化，网络舆情呈现复杂

---

① 《习近平关于全面建设小康社会论述摘编》，中央文献出版社，2016，第 117 页。

② 《习近平谈治国理政》第 2 卷，外文出版社，2017，第 328 页。

性、多样性与难控性。习近平总书记指出：“推动传统媒体和新兴媒体融合发展，要遵循新闻传播规律和新兴媒体发展规律……”[①] 面对新时期网络舆论引导工作，把握网络传播规律，构建网络舆论引导新格局尤为重要。

第一，要强化互联网思维，把握好网络舆论引导的时效度。相关政府部门及网络媒体要建立网络舆情监测研判机制及体系，要做到及时、准确、主动、权威地报道新闻、发布信息、澄清事实。第二，网络媒体要采取分众化的传播方式，进行精准具体的受众定位。第三，要综合全面利用网络传播的特点及优势，推动传播手段、体制机制、技术资源、平台信息的有效整合与创新，扩大网络传播在互动交流、分享体验方面的影响，实现网络舆论监督、凝聚共识的目标。

四　网络空间治理的现代创新方式：网络综合管理理念

舆论阵地关乎国家意识形态安全与政治安全，而对网络空间的管理则是当前形势下掌握新闻舆论阵地的关键。习近平总书记基于近年来中国互联网发展取得的经验，探索并总结出具有中国特色的网络综合管理理念。

（一）坚持党管媒体的基本原则，牢牢掌握网上新闻舆论工作的领导权、管理权、话语权

党管媒体是党的新闻舆论工作的基本原则。党管媒体原则在网络空间中的贯彻与发展是党和国家长治久安的切实保障，牢牢掌握网上新闻舆论工作的领导权、管理权、话语权是维护国家意识形态安全的根本举措。

在网络空间治理中贯彻党管媒体原则，就是要增强政治使命与历史使命意识，具有一定的政治敏锐性与鉴别力。同时，要增强网络舆论工作的主动性，掌握主动权，在网络舆论斗争中勇于发声，敢于亮剑。

---

① 《习近平关于全面建成小康社会论述摘编》，中央文献出版社，2016，第 117 页。

（二）强化互联网企业的社会责任意识

互联网经济的蓬勃发展激活了大众创新创业，产生了互联网信息、餐饮、交通、旅行、娱乐等平台，这些平台在惠及民生、为社会发展带来显著经济效益的同时也显示出平台企业社会责任缺失的问题。

习近平总书记指出："希望广大互联网企业坚持经济效益和社会效益统一……"[①] 互联网技术的社会属性决定了互联网企业不仅要承担经济责任、法律责任，还要关注与加强自身的社会责任。互联网企业作为网络空间的主要建设者与重要主体，其行为规范直接影响整个网络生态环境与人民的切身利益。强化互联网企业的社会责任意识，一方面，各级政府需要完善与加强相关的法律制度约束；另一方面，互联网企业主体需要从根本上强化企业自律精神，增强企业的道德观念与社会责任意识。

（三）构建多方主体共同参与、多种手段相互结合的综合治网格局

传统的互联网管理实行以政府为主导的自上而下的模式，并以追求对互联网的"规范"为主要治理目标，同时存在管理部门职能交叉、协调不畅的问题。随着互联网的不断创新发展，传统的互联网管理模式日益显现其存在的问题。

面对传统互联网管理模式的困境，习近平总书记基于目前互联网发展的现状及规律，从多方主体共同参与网络治理的角度出发，在坚持以政府为主导，坚持党管媒体的原则下提出："形成党委领导、政府管理、企业履责、社会监督、网民自律等多主体参与，经济、法律、技术等多种手段相结合的综合治网格局。"[②] 习近平总书记提出的综合治网格局的重要观点是对网络空间治理模式的科学判断与规划，在治理目标上实现了发展与规范并重，在治理路径中达到了多方关系的协调合作，为网络空间治理提供了现代共同治理的创新方式。

---

① 习近平：《在网络安全和信息化工作座谈会上的讲话》，人民出版社，2016，第 23 页。

② 《习近平新闻思想讲义》（2018 年版），人民出版社、学习出版社，2018，第 131 页。

五　网络空间治理的宏观部署方向：网络战略愿景理念

网络战略愿景理念立足于国内、国际两个维度的宏观视野，是对网络空间治理目标的战略部署。从国内战略目标来讲，中国要努力促进网络强国建设；从国际视野来讲，中国也要同世界各国一道共同构建网络空间命运共同体。

（一）国内战略目标：努力促进网络强国建设

中国互联网信息产业的蓬勃发展引领国民经济释放出强大的活力。然而，要实现从网络大国到网络强国的转变升级则需要目标明确、坚持不懈。

习近平总书记关于网络强国的重要思想为中国网络空间治理方案提供了战略构想，也为现代网络空间治理体系注入了强大动力。习近平总书记主要从掌握自主过硬的技术、繁荣信息服务、完善信息基础设施建设、提高信息化人才队伍素质、国际交流合作五个方面具体提出相应措施来实现网络强国的战略目标。

核心技术是国之重器，不断加强自主创新能力是确保核心技术不受制于他人的关键举措。实现网络强国的战略目标，要提高中国在信息技术领域的主动权和控制力，积极推进中国在信息核心技术领域的研发和应用，充分把握好数字化、智能化趋势，促进网络强国战略、大数据战略和“互联网 +”行动计划同实体经济的深度融合。此外，高素质的网络信息化人才资源是互联网发展与竞争中最宝贵的资源。实现网络强国的战略目标，需要树立科学、开放、创新的人才观，完善人才培养体系建设，建立灵活的人才评价与激励机制，形成人才聚集效应，才能为中国互联网的繁荣发展注入不竭动力。

（二）国际视野：共同构建网络空间命运共同体

在虚拟与现实共生共存的网络空间中，国家主权、国家信息安全等问题面临着新的威胁与挑战。同时，网络空间的全球性、开放性、互动性决定了网络空间的治理也应是处在“命运共同体”中的世界各国需要共同面对的责任议题与历史使命。

在2014年首届世界互联网大会上，习近平首次提出“网络空间命运共同体”的新理念。在第二届世界互联网大会上，习近平进一步提出推进全球互联网治理体系变革的“四项原则”和共同构建网络空间命运共同体的“五点主张”。在第三届世界互联网大会开幕式讲话与第四届世界互联网大会的贺信中，习近平再次对构建网络空间命运共同体的目标与理念进行了强调与深化。

习近平关于构建网络空间命运共同体的系列论述凝聚了共产党人面对新时代新问题挑战的智慧与胆识，是中国政府对全球互联网发展趋势及人类社会发展蓝图的战略擘画，是对“人类命运共同体”建设的价值理念在全球网络空间领域的创新探索，充分展现了大国道义与担当。

六 结语

习近平网络空间治理理念是习近平新时代中国特色社会主义思想的重要组成部分。它在继承马克思历史唯物主义的基础上，将网络空间治理放置在各种社会关系中予以考察与研究，其内涵囊括网络群众理念、网络安全法治理念、网络内容建设理念、网络综合管理理念、网络战略愿景理念五个紧密联系、相互支撑的主题，分别蕴含了网络空间治理的根本价值归依、生态秩序保障、核心任务议题、现代创新方式、宏观部署方向五个维度的意义。习近平网络空间治理理念科学认识了网络空间的客观属性和社会属性，为网络空间与现实社会的良性互动奠定了坚实的理论基础，开拓了信息时代马克思主义的新境界，① 为实现网络强国的目标愿景提供了实践纲领与行动指南，也为共同构建网络空间命运共同体贡献了中国方案与中国智慧。

① 汤景泰、林如鹏：《论习近平新时代网络强国思想》，《新闻与传播研究》2018年第1期。

参考文献

[1] 陈家喜:《互联网发展与治理的中国方案——习近平网络治理思想研究》,《理论视野》2017 年第 7 期。
[2] 王世伟:《论习近平“网络治理观”——深入学习贯彻习近平关于网络治理的重要论述》,《中国信息安全》2014 年第 11 期。
[3]《习近平新闻思想讲义》(2018 年版),人民出版社、学习出版社,2018。

视觉文化时代的蹊径

——移动音频的传播模式研究

郝君怡　周　勇*

摘　要：音频这一传播形态由来已久，而今在移动端焕发出新的生机。本文以移动音频为研究对象，对移动音频传播形态、口语传播特点以及消费社会下移动音频的发展模式进行了分析，对何种类型的移动音频更受用户喜爱及更适合在移动社群平台发展、何种口语传播样态更适合移动社群平台，以及何种模式能支持移动音频可持续发展等问题进行了分析。

关键词：移动音频　口语传播　消费社会

1920 年 11 月 2 日，美国匹兹堡 KDKA 电台正式开播，标志着世界上第一家电台的诞生。1923 年，美国人奥斯邦（E. G. Osborn）创办了中国第一家广播电台，在上海播出。广播作为依托于无线电技术在 20 世纪 20 年代诞生并发展起来的传播形式，迄今已有将近一百年的历史。随着媒介的多样化发展，“当代文化不但体现出高强度的视觉化特征，而且是一种普遍视觉化”①，无论是印刷品，还是公共空间，都在营造与迎合人们视觉的快感。

消费社会、市场化社会的发展，导致某些媒体从早期的政府行为、价值观的引导者，演变为现今商业化居前、意识形态隐居其后的工业生产者。2004 年，以《超级女声》为标志，选秀节目引领了国内电视娱乐化浪

---

* 郝君怡，中国人民大学新闻学院 2018 级博士研究生；周勇，中国人民大学新闻学院教授、博士生导师。

① 周宪：《视觉文化的转向》，北京大学出版社，2008，第 7 页。

潮，“全民参与”的综艺理念，影响了社会公众尤其是青少年，并迅速使娱乐化向社交领域渗透。由媒介的市场化造成的娱乐化，冲击的不仅是传统媒体。无论是以名人 IP 崛起的微博，还是视觉狂欢下的网络直播，新媒体成为娱乐的秀场。然而在娱乐化疯狂影响媒体的同时，知识传播却以广播电台为载体悄然生长。中国移动电台用户规模，2012 年为 0.41 亿人，2016 年增长到 2.26 亿人。[①] 喜马拉雅 FM 于 2017 年“123 知识狂欢节”交出 11 小时超过 5000 万元销售额成绩单，成为当前知识电商的代表。QuestMobile《2017 移动互联网知识付费行业新观察》报告指出，除付费教育平台外，其他移动付费知识平台基本以音频为主，音频已经逐渐成为知识付费的主要渠道。[②]

20 世纪 90 年代，广播一度陷入低谷，英国《泰晤士报》2008 年发表文章称“打开收音机”的时代将被终结。[③] 然而广播这项已称得上历史厚重的传播形式，并没有被新技术所终结。法国研究学会第四次国际广播学术会议提出“后广播时代”到来，[④] 音频搭载新媒体技术，在视觉文化时代另辟蹊径获得再次繁荣。

一　移动音频——激活口语传播新生态

1. 依托用户兴趣社群

社群是基于传播媒介聚合到一起，进行信息传播、情感交流、文化和价值共享的用户群体。[⑤] 随着 Web2.0 的日臻完善、SNS（Social Network Service）技术的发展，网络媒体逐渐完成了社交转向，基于兴趣的社群逐

---

① iiMedia Research：《2016—2017 中国移动电台行业研究报告》，http://www.iimedia.cn/49874.html，最后访问日期：2018 年 12 月 25 日。

② QuestMobile：《2017 移动互联网知识付费行业新观察》，http://www.questmobile.com.cn/blog/blog_90.html，最后访问日期：2018 年 12 月 25 日。

③ “Technology Killed the Radio Star,” *The Times*, February 3, 2008, https://www.thetimes.co.uk/article/technology-killed-the-radio-star-9pqk03j9wc3.

④ 孟伟：《新传媒技术背景下当代广播业的转向》，《现代传播》2013 年第 9 期，第 112 ~ 115 页。

⑤ 金韶、倪宁：《“社群经济”的传播特征和商业模式》，《现代传播》2016 年第 4 期，第 113 ~ 117 页。

渐产生。社群内部拥有相同志趣、怀有一致性目的的个体，在虚拟空间中促生联系，并激发内容的进一步获取和分发。

既有社交平台（如微博、微信等）成为连接用户与移动付费音频的桥梁。通过对既有社交平台社群的迁移，移动音频 App 可以实现用户数量的病毒式增长。此外，新用户通过微信、微博等既有社交平台实现快速登录，并可导入已有社交平台的好友，实现“朋友圈”的延伸。以现实人际关系或已存在的虚拟人际关系为基础，将虚拟空间与用户头脑中的真实性因素连接，增加了用户进入新社群的信任感。“信任”在重建社群当中非常重要。互联网对时空分离等现代性动力机制的“放大”，使人类社会比以往任何时候都更加需要信任资本的积聚和分享。① 而利用已有信任建立新的信任，无疑是一条捷径。

大数据实现用户兴趣精准探测。社群由同质化的个体构成，在现实社会中，社群多呈现共同地域、共同阶层等显性因素的同质性，而在虚拟社会当中，技术更能够捕捉人们在现实生活中不易显露的习惯和选择等隐性因素，从而使现实生活中需要有一定亲密度才能展露，或需要长时间观察才能归纳出的意识活动成为社群的基础。以喜马拉雅 FM 为例，它通过记录用户对兴趣标签的选择，分析针对用户的调查问卷，以及抓取用户的浏览、关注、收藏、购买、评论和分享的对象，来发掘用户兴趣。这种平台积极主动、多维立体的数据抓取模式，与以豆瓣为代表的用户主动、单项选择的兴趣社群平台相比，更能促进用户体验的提升。

2. 构建知识传播场景

移动音频实现了知识传播的流动。在很长一段时间里，书本是承担知识传播的主体，静态的纸上文字是其主要形式。我们可以做一个这样的设想，人类最早的传播方式是口口相传，但因为声音符号不耐久，人类开始使用结绳、石头画等形式记录，并使之逐渐演变为文字，出现了书本。但随着留声机的诞生，声音的留存成为可能。再随着网络技术的发展，海量的声音得以存储，并且能够随时随地被选取并播放。声音符号的潜能被开发后，知识传播便又有了向声音回归的可能。《中国移动音频行业年度综

---

① 胡百精：《互联网与重建现代性》，《现代传播》2014 年第 2 期，第 40 ~ 46 页。

合分析 2017》通过对移动音频用户在智能手机上的行为轨迹进行监测，发现关联较强的领域相对集中在学习以及阅读工具类应用，电台用户爱阅读并注重学习教育。[①] 按照符号的抽象程度排序，文字符号 > 声音符号 > 图像符号，因而对受众主动思考需求度排序为文字符号 > 声音符号 > 图像符号。移动音频通过发声人的再创作，带动情绪、提炼重点，使知识传播能够接纳更多被动的受众。

移动音频减少了知识传播的场景限制。音频具有伴随性的内在属性，移动端为伴随性进一步提供了物理支撑。文字、视频等视觉符号，虽能直观地传递信息，但难以实现与受众其他行为双线进行。而移动音频解放了受众的眼睛和双手，使私家车、地铁、卧室、健身房等都成为知识传播的场景，使碎片化时间被充分利用。场景是“信息流、关系流、服务流”[②]的新入口，无论是空间场景，还是情境场景，抑或是用户的感知场景，都能够反作用于传播。因此，对场景的识别与建构，将进一步产生传播效果。根据猎豹大数据发布的 2017 年第三季度中国市场音频听书类 App 排行榜，周活跃渗透率排名前十的 App 有喜马拉雅 FM、懒人听书、蜻蜓 FM、爱读掌阅、企鹅 FM、酷我听书 FM、荔枝 FM、氧气听书、得到、考拉 FM。[③] 而据观察，这前十名移动音频 App 中，只有企鹅 FM 在分类中兼顾了传播场景，但只在音乐电台大类下实现了场景细分，如跑步、催眠等，未实现各类音频的全场景分类。未来，根据场景将音频细分，会成为音频节目的新入口。

3. 建立弱社交关系

中国互联网发展的第一阶段，以门户网站和搜索引擎的繁荣为标志，随后转向社交网络。社交网络时期，SNS 如 QQ、人人网、开心网，大量出现并风靡一时，表明人们希望借助网络，实现现实社会关系在网络上的延

① Analysys 易观：《中国移动音频行业年度综合分析 2017》，http://www.jiemian.com/article/1206543.html，最后访问日期：2018 年 12 月 25 日。

② 彭兰：《场景：移动时代媒体的新要素》，《新闻记者》2015 年第 3 期，第 20 ~ 27 页。

③ 猎豹全球智库：《2017 三季度中国 app 报告：36 个行业排名，Top 1000 排行榜，献礼!》，https://mp.weixin.qq.com/s/-9fwRvDnIe6YwaszpqN73A，最后访问日期：2018 年 12 月 25 日。

伸，以及借助虚拟网络连通现实社会关系，这种“强社交关系”的特征在于现实社会关系的建立或强化。而随着点赞功能、弹幕和网络视频直播的出现，一种“弱社交关系”逐渐抬头。人们寻求认同，满足展示欲，获得响应而无须费时寒暄；获取外界信息，表达态度而无须作出解释；单向“互动”，拥有处在社会紧密联系之中的实感，却又不真实存在。移动音频平台就是建立弱社交关系的又一场域。

移动音频形成虚拟陪伴感。受众的收听一般为耳机的零距离传播，或手头案前的近距离传播，收听时间一般为无须受外界干扰、与旁人交流的空闲时间。因此，受众打开音频节目的行为，就意味着表达陪伴的需求。主播充当陪伴人的角色，不断招呼听众，预测受众的反应，而受众的响应并不能真正向主播反馈，形成主播与受众共同认可的虚拟陪伴感。

移动音频建立生活化人设。以蜻蜓 FM 与高晓松联合出品的《矮大紧指北》为例，高晓松在此之前，已有《晓说》《晓松说》《晓松奇谈》等脱口秀节目，但这些在新媒体和传统媒体平台播放的视频节目，高晓松都需要以“高晓松的形象”出现，面对受众的目光。而音频节目的录制空间更为私密，主播则更容易建立一个生活化的人物形象。而在音频节目中，高晓松特意取名“矮大紧”，用反义词区分原有人设。高晓松在《矮大紧指北》的发刊词中说：“高晓松是大众眼中的知识分子、文艺青年，在《晓说》中只和大家交流符合‘知识分子’价值观的观点，矮大紧则是幽默、会逗趣、接地气的截然不同的形象……高晓松是自由主义知识分子，有完整的价值观，而矮大紧是下里巴人，有各种各样愉快的想法。高晓松有很多理想，纵横四海、改造世界，而矮大紧最大的理想是不劳而获。”音频节目的亲密性、私密性、随意性，使主播能够展现一个与视觉媒体有差别的人设，当然，人设的生活化并不代表展现真我，它依然是经过设计的，以达到与受众、主流价值观的契合。

二　移动音频的话语特征——以《晓说》与《矮大紧指北》为例

传播的过程即为意义选择的过程。通过对传播者话语的分析，我们能够认识传播者和被传者之间的相互作用，了解话语的生产过程与解释过程，以及语言使用的情境。《晓说》是在优酷平台播出的一档网络视频节目，《矮大紧指北》是在蜻蜓 FM 播出的移动音频节目，二者共同点很多：高晓松主持，知识脱口秀节目，侃侃而谈的形式。二者最大的区别在于形态。因此，《晓说》与《矮大紧指北》提供了很好的范例，以比较研究网络视频节目与移动音频节目之间话语的差别。本部分选取《晓说》第一季《“看美国”系列终极篇：血脉相连的美籍华人（一）》（以下简称为《美籍华人》）以及《矮大紧指北》的《闲情偶寄 17：华人选举》（以下简称为《华人选举》）选题相近的两期进行对比分析。

1. 声音——更有“陪伴感”

声音不是孤立存在的，而是发声人内心感受的外化。相比《美籍华人》，《华人选举》中主持人高晓松的声音存在明显差别：一是发声状态更加松弛，二是语调的起伏更小。

播音主持艺术将对预期受众的考虑称为“对象感”，并将其作为创作表达的内部技巧之一。对象感就是播音员必须设想和感觉到对象的存在和对象的反应，必须从感觉上意识到听众的心理、要求、情绪、愿望等，并由此调动自己的思想感情，使之处于运动状态。[①] 对象感虽然是技巧性的要求，却也自然而然存在于主持人的感受之中。尽管演播室、录音棚中，主持人面对的是镜头或话筒，但其对受众的数量、身份的想象，在其创作表达过程中具有重要影响。

移动音频面向的受众更少。视频是开放性的，闪烁的屏幕吸引着来来往往的受众，音频是闭合性的，声音必须面向个体才能实现精准传达。如果说视频如同班级上课，那音频就像是单独辅导。因此，视频节目中主持人需要招呼受众，唤起集体注意，而在移动音频节目中，主持人只需陪伴个体，与现实中“一对一”的状态更为贴近。

移动音频与受众的距离更近。就物理空间而言，相比摄像机镜头，话筒与主持人之间距离更近；相比屏幕，耳机与受众的距离更近。就心理空间而言，音频留给受众想象的空间更多，受众通过想象对主持人再造，并

① 付程主编《实用播音教程：语言表达》，中国传媒大学出版社，2007，第 117 页。

与主持人建立准社会关系，相比视频节目主持人实体的呈现，受众与音频主持人的心理距离更容易被拉近。

主持人与受众之间的关系，决定了移动音频节目主持人的表达更有“陪伴感”。在声音的塑造上，无须调动过分积极的状态去迎合受众，也无须使用夸张的语调变化来吸引受众，只要将受众当作自愿倾听的朋友，娓娓道来即可。

2. 结构——更“精致”的内容

《晓说》的《美籍华人》与《矮大紧指北》的《华人选举》的内容都与在美华人相关，但在选题与叙事结构上却大有不同。图 1、图 2 分别是根据《美籍华人》和《华人选举》的话语进行的叙事线整理。

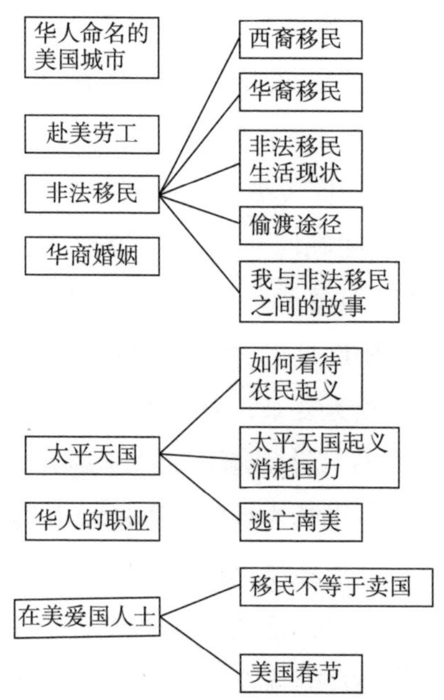

图 1　《美籍华人》叙事线整理

选题更具象。从选题上来看，《美籍华人》限定在特定群体，而《华人选举》限定为一个事件。特定群体可以从发展历史、地域分布、社会地位等多个维度进行叙事，而对一个事件的叙事，从事件的开端、经过与结果来叙述就已完整。移动音频节目选题更为具象。一是其移动属性，使其更为碎片化。视频节目长约 40 分钟，而移动音频节目只有 10—25 分钟。

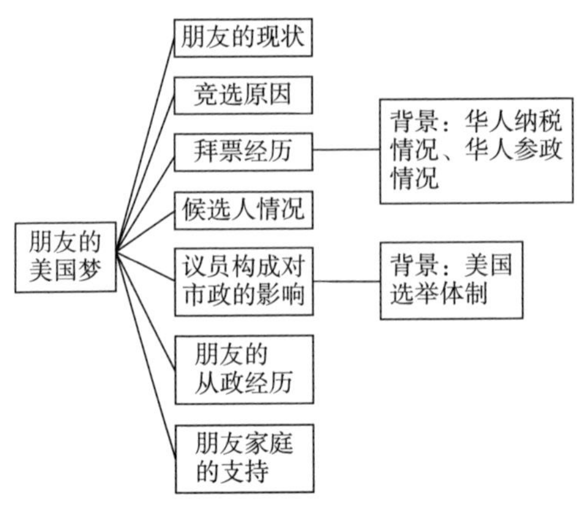

图 2　《华人选举》叙事线整理

二是由于其音频属性，较之视频节目“降维”呈现，信息的传播路径单一，移动音频节目的信息容量较小，具象化选题有利于叙事的生动和透彻。

互文性更简单。互文性是文本的重要属性，它的提出者克里斯多夫（Kristeva）将其定义为“产生在同一文本内部的文本互动”①。互文性以结构主义为研究路径，根据互文性的概念，任何文本都不是孤立存在的，而是历史文本的引用和整合。由图 1、图 2 对比可以看出，视频节目的话语包含了多个文本的派生，互文性较为复杂，而音频节目的话语多为单个文本的引用，派生性的话语仅仅作为背景被简要介绍，不影响话语中心点的突出。

相比于视频节目，移动音频节目的话语通过更具象的选题和更简单的互文性，信息包容量更小，中心和主线更为明确，顺应碎片化阅读时代移动端用户快速获得信息的需求，受众能够“毫不费力”地获取信息，符合受众对于移动音频节目伴随性的需求。

3. 修辞——更“温和”的表达

在古典意义上，修辞是指“在每一事例上发现可行的说服方式的能力”②，而之后的研究多为语言学中对言语的修辞格的研究。通过对比分析发现，移动音频节目在说服方式上立场更加温和，在言语表达上更加个

① 秦海鹰：《互文性理论的缘起与流变》，《外国文学评论》2004 年第 3 期，第 19 页。

② 胡春阳：《话语分析：传播研究的新路径》，上海人民出版社，2007，第 60 ~ 61 页。

人化。

更温和的立场。高晓松在《美籍华人》中说了这样一段话：

> 我希望年轻人在互联网上也用自己的脑子稍微地思考一下，再去发言……一代年轻人，至少要有独立思考的能力，不要什么人云亦云……（《美籍华人》）

这段话立场鲜明，语言犀利，批判色彩浓厚，而在移动音频节目《华人选举》中却找不到类似段落。相比之下，音频节目的话语意识形态退居其后，娱乐性居前，这与移动电台用户的使用场景相关。喜马拉雅研究院 2016 年发布的用户 24 小时收听曲线显示，收听高峰分别集中在早上 9 点、晚上 11 点两个时段。[①] 而与此不同的是，网络视频的观看高峰在中午 12 点和晚上 9 点。[②] 据此，移动音频节目占领了通勤场景与睡前场景，轻松与安静是这两个场景的主要诉求，也就使移动音频节目的话语更“软”，更温和。

个人化的表达。这两期节目都提及了一个对象，视频节目《美籍华人》称“美国”，而移动音频节目《华人选举》称“老美”。再如，两期节目的结束语：

> 华人的第一集就说到这里，因为很庞大，华人分成三集讲，但是这个很有意思，希望大家继续收看下一集。（《美籍华人》）
>
> 啊，当然了，我还是希望他能把他的英语好好练好啊，把自己的政治抱负表达出来，能代表亚裔，代表华人参政。啊，因为现在华裔（参政）遇见很多困难，也包括亚裔，但华裔最明显。……哎呀，这个一言难尽，咱们今天节目就说不完……啊，有机会再给大家讲吧。（《华人选举》）

---

① 《喜马拉雅研究院首次发布中国移动音频用户收听习惯图谱》，http://money.163.com/16/0303/15/BH8AFSA000253B0H.html，最后访问日期：2018 年 12 月 25 日。

② 企鹅智酷：《2015 年中国网络视频大数据报告》，http://www.199it.com/archives/354737.html，最后访问日期：2018 年 12 月 25 日。

可以看出，相比视频节目，主持人在移动音频节目当中的话语包含更多的语气词以及未尽言语，对规范的大众传播话语的反叛，反映了移动音频向人际传播的回归。如前文所言，移动音频节目是封闭性的，是面向个体的，音频节目的录制是私密的，因此移动音频节目相对于视频节目，创作于主持人和受众的“后台”，更容易展现出日常生活“本我”的状态。

由此可见，在声音的表现、结构的塑造、修辞的考量方面，移动音频节目的话语都具有独特性。而这些话语特征是由传播形态、技术平台、制作方式等移动音频节目的内在属性决定的，并与受众的需求相互影响。而许多移动音频节目直接搬用视频节目的话语，如得到刊载《罗辑思维》，网易云音乐、喜马拉雅 FM 刊载《晓说》等，应当看到这种方式不符合移动音频的话语特点，难以达到与原视频节目同等的传播效果。同时，由于视频付费尚不普及，移动音频平台也就难以将其直接变现。因此，贴合移动音频话语特征进行原创，才是发展之道。

三　消费社会下的移动音频

资料显示，网络文学的月度 ARPU 值（企业从每个用户所得到的平均收入）在 30 元左右，付费视频的年度 ARPU 值则维持在 80 元左右。而移动音频企业喜马拉雅 FM 公布 2017 年以来其付费用户的月均 ARPU 值已超过 90 元。移动音频领跑内容付费，成为消费社会不可忽视的商品形式。

1. 知识明星——社会效益与经济效益双赢

iiMedia Research（艾媒咨询）数据显示，2017 年中国网络社群用户在明星社群中最活跃，占比达 53.8%，[①] 明星成为社群集聚的增长点。各移动音频平台也在吸引明星资源，积极竞争“头部内容”。移动音频平台上的造星，打造的是知识明星，无疑成为明星工业之下娱乐文化中的一股清流。在眼球过分忙碌的视觉文化时代，空闲的耳朵成为学习的重要工具。

① iiMedia Research：《2017 年中国新媒体行业全景报告》，http://www.iimedia.cn/50347.html，最后访问日期：2018 年 12 月 25 日。

知识明星成为移动音频平台上的意见领袖。为了争夺流量入口，打造知识领袖，移动音频平台做出相当多的努力。

以喜马拉雅 FM 为例，2016 年 12 月 3 日，喜马拉雅 FM 推出首届“123 知识狂欢节”，共计 850 位知识明星和超过 2000 个精品课程参与其中，最终收获 5088 万元的销售额，而在日常，喜马拉雅 FM 推出“大咖主播”，把热门的知识明星分类上榜，增加与受众的接近性；设置“问答”板块，与目前的付费问答模式相近，但被提问的知识明星，以语音形式作答，更生动；此外，“听友圈”板块，将用户、用户好友及知识明星置于同一社群之中，利用准社会关系提高用户黏性。

移动音频平台的造星运动，冲击了社会对明星的既有认知，既是对名人效应的有效利用，也是向公众建立知识崇拜的有益尝试。

2. 仪式性——消费新动机

基于专业知识的壁垒和社群的社交属性，移动音频节目符号消费的仪式性成为激活用户消费力的一大动因。

鲍德里亚在对消费社会的研究中引入符号学的观点，认为商品除“使用价值”与“交换价值”外，还具有“符号价值”。商品的消费过程就是符号的消费过程，人们在此过程中完成对自我身份的界定。

移动音频中付费内容、会员制的出现，打破了免费获取、开放共享的既有模式。新媒体技术的发展使信息大规模流通，网络环境中的信息沟原本因为用户对互联网技术掌握程度的差异而形成，而付费内容改变了这一生态，财富成为信息沟扩大的新因素。信息接触门槛的提升分化出阶层，受众的消费行为成为自身的阶层选择行为。用户将移动音频平台的付费内容借助分享功能向社群传播，而社群其他成员在未付费的条件下，无法获取节目内容，因此这种分享传播的并非节目内容，而是信息占有的信号。

仪式性消费为知识性内容提供泛市场。消费社会下，互联网成为大众娱乐狂欢的场所。为吸引注意力，新媒体传播走向浅表化、娱乐化。一些知识性内容属于抽象信息，如古典音乐，难以实现信息的简明表达和快速获取。注重精神层面的获得感、追求信息的知识性和差异化的仪式性消费，就为知识性内容提供了市场空间。

仪式性消费对节目质量提出高要求。仪式性消费的实质在于对信息本身的忽略和对消费过程象征意义的重视。而消费行为过后，移动音频节目的收听过程却无法脱离内容。目前移动付费音频节目大多为订阅模式，用户试听少量内容后选择订阅，付清全款后等待节目更新完毕。因此，只有让节目质量符合受众消费期望，才能与受众建立信任、维持关系，移动付费音频才能实现可持续发展。

3. 人工智能音频——展望未来

随着人工神经网络研究的深度学习（Deep Learning）算法的应用，人工智能机器人开始具备处理、识别、理解的基础能力，同时开始应用于传媒领域。移动音频为人工智能机器人进行口语传播提供了平台。

规律性工作。移动音频节目一般为提前录制而非直播，因此可以对文本内容进行预先准备，且无须在传播过程中与受众进行实时互动。这种“播”与“读”，属于文本到语音的规律性工作，技术已相对成熟，人工智能机器人通过对人类语音的深度学习，有能力掌握发音特点及规律，可以实现声音质量上与人类的无限接近。而人工智能机器人在口语传播领域尚在开发当中的人际互动、情感交流等非规律性的工作内容，移动音频的制作播放模式也恰好能够使其扬长避短。

知识性内容。移动音频节目实现知识共享的基础，在于认知盈余的流动。个人的知识储备存在边界，且在深度和广度上无法兼得。而人工智能机器人能够通过大数据抓取、快速学习，实现海量信息的整合、输出。

微软人工智能机器人“小冰”，已在网易云音乐平台拥有自己的“小冰电台”，从 2017 年 3 月开始更新的共 33 期节目，截至 2017 年 12 月已有 2300 余人订阅；在喜马拉雅 FM、当当云阅读也开始了有声少儿读物的试水。微软（亚洲）互联网工程院市场与公关总监徐元春在接受媒体采访时，对人工智能机器人的高效率、低成本作出数据阐释：“210 集的《格林童话》有声读内容，人类完成大约需要 200 小时的工作时间，而小冰从头到尾只需要 24 分钟。从成本的角度来看，人类完成这样一个作品需要用超过 6 万元的成本，而小冰分摊下来的所有成本大概只有 7 毛钱。”①

① 韩元佳：《微软小冰的用心到底有多深？》，http://xuexi.haiwainet.cn/n/2017/0925/c3541549-31131886.html，最后访问日期：2018 年 12 月 25 日。

工作内容的规律性以及对知识性信息的要求，使移动音频节目能与人工智能机器人良好适配，成为人工智能在口语传播领域探索阶段的重要平台。使用成本的低廉也使人工智能机器人在移动音频平台上与人类竞争更具优势，因此，展望移动音频的未来，或许AI技术将改变移动音频的传播生态，人工智能机器人将成为口语传播的重要主体。

◇ 新闻理论研究

从新闻学关键词看改革开放40年来中国新闻观念的演变

路俊卫　秦志希*

摘　要： 新时期新闻观念的变革集中表现为新闻学关键词的演变。信息、大众化、产业化、公共性、媒体融合等关键词相互关联，演绎出改革开放40年来新闻观念变革的历史路径。关键词的演变与新闻观念变革产生互动；关键词的引入为观念变革提供理论依据；关键词更新隐含着多方力量的博弈；在意识形态主导下的新闻观念变革具有延续性、渐进性的特点。

关键词： 新闻观念　话语演变　社会变革

任何一门学科的框架都是由普通词汇和特有词汇构成其理论话语的陈述方式，并在实际使用中形成一批关键词。而“观念”是“思想体系的基本要素，但比思想体系更为基本，观念可以具体化为对社会产生深刻影响的关键词和关键话语”①。哲学语义学研究往往追溯一些关键词在不同时期不同领域中的意涵演变，获得对这些关键词所体现的观念单元所存在的整体性体系的理解，这种“历史语境”的方法，强调研究观念呈现过程中“各种不同的使用词语及其功能的语境，以及使用这些词语所要达到的目的”②。因此关键词是特定话语价值取向的凝结，在使用时也就是观念的

---

* 路俊卫，博士，湖北大学新闻传播学院副教授、硕士生导师；秦志希，武汉大学新闻与传播学院教授、博士生导师。

① 金观涛、刘青峰：《观念史研究：中国现代重要政治术语的形成》，香港中文大学出版社，2008，第3~5页。

② 〔英〕昆廷·斯纳金：《观念史中的意涵与理解》，载丁耘主编《什么是思想史》，上海人民出版社，2006，第130页。

呈现。

在社会的发展进程中，关键词的内涵大多经历了古今演变、中外对接的演绎过程，因而观念的变革也总是表现在关键词的改写上。赛义德就曾指出过：观念的移植转换主要经历四个阶段，第一，存在一个发轫环境，使得思想观念得以生发或者进入话语；第二，存在一个具有各种语境压力的通道，使得观念获得一种新的重要性；第三，存在一些条件，使得看上去异样而疏隔的理论与思想，在被吸纳的过程中得到认同；第四，在逐渐认同的过程中，由于新的时间和空间，观念在某种程度上被改造。[①] 英国文化学者雷蒙·威廉斯（Raymond Williams）等正是通过追溯一批关键词在特定社会情境中的词义及其变化，揭示其背后的意识形态因素和广阔的社会生活变迁的。[②] 从特定角度我们可以这样说，新闻观念的变革是社会变革的缩影，新闻观念的变革又集中体现在新闻学关键词的解构与建构中，体现在人们对关键词的思辨、讨论和表述的话语实践中，从这些关键概念所进行的内涵与外延的变迁分析，即可透视新时期中国新闻观念变革乃至整个社会生活的变迁。

一　新闻学关键词的更新呈现新闻观念变革的轨迹

关键词的诞生具有特定时期，每一种观念和概念都不是凭空产生的，既有前驱者，也有后继者，并且“在不同的文化和历史视域中具有不同的内涵”[③]。在 1978 年改革开放后中国社会转型、经济发展与政治逐渐开放的特殊语境下，中国传媒体制改革呈现鲜明的“中国特色”与独特的改革脉络，经历了从党报（台）体制向“事业性质，企业化管理”的过渡，而

---

① 〔美〕爱德华·W. 赛义德：《赛义德自选集》，谢少波、邓刚等译，中国社会科学出版社，1999，第 226～227 页。

② 〔英〕雷蒙·威廉斯：《关键词：文化与社会的词汇》，刘建基译，生活·读书·新知三联书店，2005。

③ Jeremy Hawthorn, *A Glossary of Contemporary Literary Theory* (New York: Routledge, Chapman and Hall Inc., 1994), p. 24.

后又借力文化体制改革进入“分类管理，转企改制”阶段。这段时期，中国新闻学界曾经历过多次理论论争，诸如新闻与宣传关系的讨论、新闻是否具有商品性的讨论以及以公共利益至上为核心的新闻专业主义的讨论等。这些大讨论都是社会变革中新旧新闻观念的碰撞，从而推动中国的新闻改革。在理论研讨之中，不断有一批新的关键词出现在新闻学研究领域，充实并创新着理论研究，并推动着新闻实践发展，选取其中最具代表性的关键词便能大体呈现关键词出现的历史语境及新闻观念变革的轨迹。

1. “信息”观念的引入

最初对新闻学产生重要影响的关键词是“信息”，“信息”观念的引入，最根本的一点是动摇了中国新闻界传统的以“宣传”为本位的新闻观念，初步确立了新闻是以“信息”为本位的观念，确立了信息功能才是新闻的本位功能的观念。

20世纪70年代末，美国学者约翰·奈斯比特在其著作《大趋势》一书中提出美国社会已由工业社会转向“信息社会”，其中新闻业是美国主要的“信息业”，这些观点使“信息科学”和“信息业”发展引起全球关注。中国学者在对这些问题的讨论中，也将“信息社会”“信息科学”“信息业”这些新鲜概念引入国人的视野，与此同时，新闻学界纷纷从信息角度来阐释此前久悬未决的新闻本质问题。1984年宁树藩先生首次提出“新闻是向公众传播新近事实的讯息（信息）”①。随后，不少新闻学论著开始以“信息”定义新闻，大多认同新闻的定义是新近发生的事实的信息传递。② 长期以来，中国新闻媒介被当作宣传工具，人们往往将新闻等同于宣传，甚至将宣传无条件置于新闻之上，认为新闻只是手段，宣传才是目的。“信息”概念的引入在重新改写关键词新闻的既有含义的同时，直接引发有关新闻与宣传关系的讨论，使新闻摆脱以往从属于宣传的附庸地

---

① 宁树藩：《论新闻的特性》，《新闻大学》1984年第8期。文中提出此论断，并作注解：“讯息，实即信息。因为信息的含义太广泛，有的不适用新闻现象，所以暂用‘讯息’二字以示区别。”

② 童兵、林涵：《20世纪中国新闻学与传播学·理论新闻学卷》，复旦大学出版社，2001，第405页。

位而回归新闻本身，这也就解构着以往“宣传”“指导性”相对于新闻的绝对重要性和唯一性，学者们认为“信息”概念成为重建新闻学理论大厦的基石。[①]

2. “大众化”的兴起

“信息”概念的引入连带触发了新闻商品性的讨论，关键词“信息”乃至传媒的“商品性”隐喻新闻应当以信息服务于人而不是单纯的宣传指导，新闻媒介不仅属于意识形态范围而且具备第三产业的特性，由此一改受众以往被训导的地位而成为新闻信息理所当然的服务对象，传统的传受关系得以改变。

受众地位的提升与中国文化大众化的历史进程相应合。改革开放之初，由于政策的变化和思想的解禁，境外大众文化产品开始涌入，从好莱坞电影到港台电视剧，从流行歌曲到通俗小说，大众文化热“以自己特有的方式参与到对革命文化高度的政治化、公式化、群体化、表演化的反叛进程，支配了大陆思想领域的解放运动，满足了从文化废墟上缓缓站立起来的人的精神饥渴”[②]。进入 20 世纪 90 年代以后，随着市场经济的日渐发展，中国社会不可避免地走进了大众文化时代。大众文化的平等性、消费性和娱乐性特征，使转型时期中国社会文化体现出强烈的世俗化倾向，而当时传统严肃的党报无法顺应这种文化诉求。于是 20 世纪 90 年代初期，中国报界掀起周末版热，20 世纪 90 年代中期出现文化消遣模式的晚报热，而且随着市场经济的确立，一种新型报纸——都市报应运而生。都市报作为报业流行风潮始于 1995 年创办的《华西都市报》，随后三五年，中国许多中等以上城市都有一份甚至多份都市报，一些传统晚报也向都市报转型，尽管很多报纸是以早报、晨报、晚报、商报等命名，但就其类型都可以归入都市报，都市报为中国报业提供了崭新的类型，即“大众化”报纸。[③]

中国“大众化”报纸与传统报纸的区别至少表现在三个层面：读者接

① 郑旷主编《当代新闻学》，长征出版社，1997，第 1 页。

② 陈晓明：《“精英”与“大众”殊途同归的当代潮流》，《文艺研究》1994 年第 2 期。

③ 梁衡：《把握都市报的生命脉络》，《新闻战线》2001 年第 1 期。

近真正意义上的大众、新闻面向大众的日常生活、传媒采取市场化的运作方式。依据这三大原则，都市报在市场竞争中找到准确的定位，办报理念都是针对普通市民的利益诉求，如《华西都市报》宣称是“市民的公仆”，《燕赵都市报》宣称“为市井人家办报，让平民百姓爱读”，《楚天都市报》则以“责任媒体，百姓情怀”为宗旨。都市报强调从市民视角理解、表现新闻，满足市民日常生活信息需求和文化需求。都市报平民化的报道内容、通俗化的报道方式、娱乐化的趋势逐渐影响到其他类型的传媒特别是广播、电视，除此之外，一大批时尚、休闲、娱乐的生活服务类报刊也在都市盛行不衰，最终使大众文化成为当今社会的主流文化，同时也表明“大众化”是新闻传播领域最具影响力的宣言。“大众化”使昔日几近不食人间烟火、高悬于意识形态上空的传媒降到世俗人间，充满凡人情怀。

3. “产业化”的提出

当人们认识到传媒具备第三产业的特性的时候，也就顺理成章地提出“事业性质，企业化管理”的命题，即在保证新闻事业是党的耳目喉舌的前提下，要求以企业管理的方法来经营媒介。新闻媒介一旦在经营上走向市场，竞争立刻在新闻媒介市场中展开，改革开放之后短短几年时间里，新闻传媒的市场竞争从跑马圈地式进入拉锯争夺战，新闻媒体的联合、兼并、向社会融资、与外商联合等逐渐出现，原先提出的传媒“市场化”和“企业化”概念就显得缺少张力。1996 年，黄升民通过对广州台发展战略研究，正式提出媒介“产业化”概念：媒介必须向独立企业法人过渡，以市场平等、竞争原则建构内外关系，从而形成经济学意义上的“同类企业的集合体”——“媒介产业”①。

媒介“产业化”概念提出之初虽然有争论，但 1996 年 1 月，广州日报报业集团批准成立，这标志着中国媒介产业化进程驶入官方认可的“快车道”，学界关注重点也就从“该不该产业化”向“如何产业化”过渡，开始对媒介产业化的发展模式、制度取向及体制建构等进行深入而广泛的探讨。由此开辟了媒介经济学研究的新领域。关键词“产业化”的提出，使人们用经济学的眼光看待并经营传媒，传媒不仅具有意识形

① 黄升民：《重提媒介产业化》，《现代传播》2000 年第 5 期。

态属性而且又是经济实体，成为中国市场经济的一支重要力量。

“产业化”概念的提出，使新闻业真正从根基上具有了市场观念和商业意识，使市场逻辑或者商业逻辑具有支配地位，改变了以往政治逻辑单一支配中国新闻业的局面。与此同时，与“产业化”相伴随的一系列新的观念也给中国新闻业带来了新的问题，政治逻辑、商业逻辑、新闻逻辑之间的矛盾在中国新闻业发展进程中逐步显现。

4. “公共性”的讨论

媒介“产业化”概念的提出及媒介产业属性的确立，使中国传媒业发展迅速，经济实力得到极大增强，但由此带来的消极影响也开始显现：媒介在市场竞争压力下，往往为追逐自身利益而损害公众利益，比如为了规避政治风险，媒介以最小的投入赢得最大的商业利益而不约而同选择“娱乐化”；不能负责任地实施强有力的舆论监督；搞“有偿新闻”甚至“有偿不闻”等。2001 年，中国加入世界贸易组织（WTO），之后的几年成为中国新闻传播业纳入全球信息文化产业体系的重要转折期，从学界到业界逐步认识到，对外新闻传播必须遵守新闻传播普遍原则，一些源于西方的重要新闻观念和原则，比如新闻专业主义、客观性原则、社会责任理论等，被引入中国新闻研究和实践中，引发了对新闻业“公共性”问题的探讨。

理论界开始关注媒介的“公共性”问题，认为大众传媒在现代社会扮演重要角色，其主要特征就是它的公共性。[①] 有学者指出，从世界范围来看，无论何种社会制度、新闻体制，无论新闻传播学何种学派都承认“媒介具有公共性进而公共利益优先的原则都得到一致认可”，因此中国“传媒业的制度创新必须确立一个原则：公共利益至上”[②]。与此相一致，在山西繁峙矿难记者受贿事件后，新闻专业主义开始被强调，要求记者恪守新闻工作者职业道德，本着为社会、为公众服务的精神，客观公正地报道新闻。

“公共性”问题的讨论，使公众知情权观念进一步被强化。从 2003 年

① 汪晖、许燕：《“去政治化”与大众传媒的公共性》，《甘肃社会科学》2006 年第 4 期。

② 李良荣：《论中国新闻改革的优先目标——写在新闻改革 30 周年前夕》，《现代传播》2007 年第 4 期。

"非典"疫情之后，中国逐步加快建构政府信息公开制度。2008年随着政府信息公开条例的实施，以及新闻界关于汶川地震的报道，与公共利益相关的信息透明、公开和传播日益受到重视，中国新闻业信息公开的范围逐步扩大，民众的知情权得到进一步实现。[①] 从传媒发展历史来看，公共性、公共利益原则是传媒业与生俱来所形成的独特个性，维护公共利益也是我们党和政府的一贯主张，过去泛政治化时代，传媒的"公共性"被遮蔽，今天又遭遇商业的侵蚀，学界提出"公共性"正有利于传媒业朝着人们预期的健康的方向发展。

5. "媒体融合"的探索

"公共性"问题的提出，使"公共新闻""公民新闻"观念产生广泛影响，随着新媒体技术的发展与广泛应用，职业新闻对新闻信息传播的垄断局面被打破，形成职业新闻与公民新闻共同构筑新闻信息传播的新图景，"媒体融合"趋势开始受到关注。事实上，早在20世纪80年代，国外就有学者开始关注"媒体融合"相关命题。1983年美国学者伊契尔·索勒·普尔（Ithiel De Sola Pool）在其著作《自由的科技》中就首次提出"传播形态融合"（The Convergence of Modes）这一概念，用以指各种媒介呈现多功能一体化的趋势。国外产业融合趋势也引发政策管制方面的调整，美国、英国、日本等国家从建立融合管理机构、调整法律规制等方面入手，来推动产业之间的融合发展。

20世纪末，在中国广电与电信产业发展的实践层面，展开了短暂的"三网融合"是否可行的大辩论。21世纪初，一些中国学者将国外媒介融合的经典案例和代表性学术观点介绍给国内同行，将"媒介融合"新概念引入中国新闻界。从国际传媒产业发展现实来看，"媒体融合"大潮早已发生，在中国学术研究领域中，"三网融合""媒介融合""全媒体"等概念也都是"媒体融合"概念在不同时期的表现。2014年，中国学界和业界重提"媒体融合"一词，最主要的原因之一是《关于推动传统媒体和新兴媒体融合发展的指导意见》出台，将"媒体融合"这一产业发展现象提升

---

① 杨保军：《新时期中国主导新闻观念的演变及启示》，载《新闻学论集》第30辑，经济日报出版社，2014。

到国家政策的层面。2015 年“两会”上提出“互联网 +”的概念，引发关于“媒体融合”的又一轮讨论和实践热潮，一些传统媒体加快与互联网融合的步伐，进而打造出一批“新型互联网传媒集团”。

基于新技术的“媒体融合”，带来了新闻传播领域一场新的革命，新闻界以丰富多样的手段来捕捉与传播新闻：从编辑部生产来看，传统媒体纷纷实行“中央厨房式”编辑模式，采取“新旧融合，一次采集，多元生成，多元发布”的生产流程；从内容形态来看，融合新闻、数据新闻、可视化新闻等大量出现；从传播渠道来看，新闻客户端、微信、微博等社交媒体成为新闻信息发布的重要平台。与此同时，用户生产内容（User Generated Content，UGC）模式对新闻生产产生影响，传统的职业新闻人不再是新闻内容的主要生产者，受众转变为新闻信息的“用户”，既是新闻信息的接收者也是新闻信息的生产者、加工者和传播者，新闻信息传播进入“人人皆记者”的时代。

总体来看，在进入 21 世纪的十多年中，网络技术、无线技术、大数据使用技术等新技术发展促进了新媒体时代的开启，这不仅在一定程度上改变传统新闻业的生态结构，同时也带来新闻生产、新闻传播以及收受模式的变革，比如数据新闻、VR 新闻、短视频新闻、算法推送等的出现，对传统的新闻生产模式产生冲击，也从更深层次改变新闻领域传统观念，使人们不得不对“新闻价值”“新闻自由”“新闻控制”“新闻伦理”等传统新闻观念进行全面清理和审视，同时也提出一系列新的观念，如“融合新闻”等。

在以上五个关键词中，“信息”概念的引入使新闻从泛政治化话语中突围，拉开了新时期新闻观念变革的序幕；“大众化”表明传媒由上层意识形态降到下层凡世，使突围后的新闻找到新的栖息领地；“产业化”为传媒注入经济属性，使其在市场竞争中不断发展壮大；“公共性”将公共利益作为传媒优先选择的目标，以校正媒介在政治、经济各种利益冲突中的方向定位；“媒体融合”改变了传统新闻业生态结构，带来对“融合新闻”等一系列新观念的探索。这五个关键词相互关联，演绎出改革开放 40 年来中国新闻观念变革的历史路径。

二 新闻学关键词的演进与新闻观念变革的互动

新闻学关键词的更新呈现新闻观念变革的轨迹，但同时这些关键词作为观念的语言符码，其意义在社会变迁中不是固定不变的，而是被重新赋予新的意义，新的意义又对观念变革产生作用。

1. 关键词的意义建构与社会变革相一致

历史文化语义学研究表明，任何关键词和现实语境会产生互动，在呈现社会变革时其内涵和意义也在随之发生改变，同时核心关键词会衍生与此相关的术语群，建构起对特定历史时期的认识。[①] 在对新闻学关键词的历史考察中发现，“信息”“大众化”“产业化”“公共性”“媒体融合”等这些关键词原本有其固有的特定含义，有的来自西方，但在我们引入的过程中，其原有的内涵和意义发生偏转，也就是用我们的主观意志加以重构了。比如“信息”在香农创立的信息理论当中是指信号的可预计性，即信号的物理形式而非意义。[②] 西方传播学引入信息来研究传播过程的可测定性，将比特用作信息量度。[③] 我们所引入的“信息”最初即指“讯息”，主要是指传播的内容而非形式，[④] 与西方“信息”的原初内涵大不相同。再说“产业化”，最早将媒介视为“文化产业”的是法兰克福学派代表人物，当年他们不用“大众文化”而用“文化工业”[⑤] （Culture Industry），包含了对西方社会传媒追逐商业利益的批判。其后，联合国教科文组织使用“Culture Industries”，表示各种文化工业的集合体，中文译成“文化产业”，该词也就从文化批判领域进入经济领域。1977 年，美国经济学家又

① 冯天瑜：《“封建”考论》，武汉大学出版社，2006。

② 〔美〕约翰·费斯克等编撰《关键概念：传播与文化研究辞典》，李彬译注，新华出版社，2004，第 138 页。

③ 〔美〕罗杰斯：《传播学史——种传记式的方法》，殷晓蓉译，上海译文出版社，2001，第 461 页。

④ 宁树藩：《论新闻的特性》，《新闻大学》1984 年第 8 期。

⑤ 〔德〕马克斯·霍克海默、〔德〕西奥多·阿道尔诺：《启蒙辩证法：哲学断片》，渠敬东、曹卫东译，上海世纪出版集团，2006，第 108 页。

将社会经济划分为工业、农业、服务业和信息业，一般将新闻传媒划归信息产业。而中国新闻传媒产业化的提出，并不像西方那样单纯，其中注入了意识形态的制度取向，即所谓的事业性质、双重属性。如此看来，词还是那个词，其中的含义却被改写了。

这刚好证明了索绪尔语言学的一个基本的发现：一个符号的意义并不是由它与客体之间的关系来决定的，语言符号的能指与所指具有任意性。正因为如此，关键词在“旅行”过程中就可能被改写，即被人们主观重构。而关键词的重构表明，人们在使用特定关键词的时候，并不着意忠实于原来的含义，而更多地表现为一种话语策略。这种话语策略又由当下现实语境所决定：关键词由社会变革所“再造”，同时它也有助于“再造”社会本身，社会与话语两者的关系是辩证的。①

2. 关键词的更新推动新闻观念话语空间的重构

关键词作为观念的语言符码，也是一种行为形式，即人们以话语形式对社会实践产生作用。② 话语是一种建构社会现实的工具，“话语不仅是表现世界的实践，而是在意义方面说明世界、组成世界、建构世界”③。核心关键词及其衍生的术语群既折射新时期新闻观念变革，又以其意义的呈现来重新说明、建构新闻传播活动，给中国新闻传播事业带来深刻的影响。

在改革开放以前，中国新闻业被纳入意识形态的轨道，其间的新闻学“以党报为本位”，政党学说话语代替新闻学术话语。改革开放之初，“信息”概念的引入，使新闻学研究向“新闻本位”回归，新闻理论开始回归学术话语，使当时新闻学关键词呈现“二元对应式”的结构模式，其中一方如阶级性、事业性质、社会效益、指导性、舆论引导、倾向性等大多是政党政治理论及其要求的体现，而与之相对应的另一方如社会性、企业化管理、经济效益、服务性、舆论监督、客观性等大都属于新闻本身的规律及其表现。二者相互依存、制约，人们在探讨新闻特性及其使命时“并不

① 〔英〕诺曼·费尔克拉夫：《话语与社会变迁》，殷晓蓉译，华夏出版社，2003，第 52 页。
② 〔英〕诺曼·费尔克拉夫：《话语与社会变迁》，殷晓蓉译，华夏出版社，2003，第 59 页。
③ 〔英〕诺曼·费尔克拉夫：《话语与社会变迁》，殷晓蓉译，华夏出版社，2003，第 52 页。

为学术而学术，而是思考如何利用新闻规律更好地为社会政治服务，将学术直接指向现实功利”[①]。随着观念变革的深入，一些旧有的关键词如“阶级性”等逐渐开始淡化隐退，而一些新的关键词如“商品性”“娱乐性”等开始出现。时至今日，传媒业在大众化、市场化的道路上已走得较远了，有的媒体可以公然声称“以娱乐立台”，有的表明自己就是为公众“生产快乐”的，对于这种趋向的评价是另外一回事，但它却表明传媒在发展中并不着意强调媒介的意识形态属性及功能。而备受理论界关注的媒介“公共性”“媒体融合”等问题，围绕其所展开的诸如传媒“新闻专业主义”“公民新闻”等理论探讨也表明新闻观念已回归到对新闻传播功能本身的探讨。

话语理论认为，话语不仅仅是一系列由符号和言说构成的文本，更是现实社会的主观镜像，是社会变迁的记录者。新时期新闻学关键词所体现的新闻观念的变革不是无源之水，它是伴随着中国政治、经济、社会的深刻变化而变化的，这表明话语“改变的方式与社会变化的方向一致”[②]，可以说，这些关键词是改革开放的社会变化向新闻学话语的“殖民”，新闻学关键词既被变革的社会现实所建构，又以其意义的呈现来建构新闻现实。

三　新闻学关键词演进带来的几点启示

新的关键词的出现与旧的关键词的隐退，包含着丰富的社会文化含义，耐人寻味。

1. 关键词的引入为观念变革提供理论依据

一切改革都需要理论为其正名。作为意识形态高度强调的行业，中国传媒改革是一个没有任何范式可以借鉴的探索过程，理论上的“正名”即是为打破常规的探索性实践提供必要依据。[③] 新闻学关键词的引入为新闻

---

① 秦志希：《新闻学关键词的兑演及文化内含》，《武汉大学学报》（人文科学版）2001年第3期。

② 〔英〕诺曼·费尔克拉夫：《话语与社会变迁》，殷晓蓉译，华夏出版社，2003，第8页。

③ 潘忠党：《新闻改革与新闻体制的改造》，《新闻与传播研究》1997年第3期。

观念的变革构筑了符合主导意识形态的“阐释纲目”，使观念变革充分运用现存体制内的张力，并转化为拉动改革的力量。

改革开放之初，新闻传媒难以适应人们对信息的大量需求，在学术上表现为新闻与宣传关系的论争，与此同时，新闻学的学科意识逐渐复苏，正处在从“新闻无学”到“新闻有学”破冰之旅的新闻学界，急需为这个曾丧失独立性的学科寻找合理性、合法性依据。“信息”概念引入中国，解决了中国新闻学界长久以来争论不休的一些问题。从这种现实背景来讲，与其说是“信息”概念恰逢其时导入中国新闻学，不如说是中国新闻学研究在主动、开放地接纳这个概念，并使其成为新闻学研究新的历史起点。[①] 在媒介“大众化”“产业化”的阐释框架中，“党的新闻事业”与“媒介产业”的话语体系也能够达到某种程度的整合，即媒介只有面向市场，满足受众需求，才能在受众中产生广泛影响，直至达到引导舆论的目的，其理论依据就是媒介通过有机的媒介运动达到影响社会的目的。

话语是实现了的主体性，在社会变革过程中，打破常规的改革实践是必然，通过话语管理将其与常规实践进行“整合”成为必需，这种“整合”使非常规实践在原有体制框架下得以合理或合法进行，成为观念变革赖以存在的科学基础。

2. 关键词更新隐含着新闻观念变革多方力量的博弈

雷蒙·威廉斯认为，词义的变异和变化不是一个自发的自然过程，往往是不同社会利益集团之间斗争的结果，语言的社会运用乃是“各种转换、利益和控制关系表演的舞台”，仔细研究词汇意义及其用法的变化，就能够很好地把握背后隐含的动机和意识形态意图。[②] 按照福柯的说法：话语言说的实质就是权力的运作，即在特定情境中形成一种控制性关系和行为。[③]

新时期新闻学这几个关键词的引进和提出都无一例外地引起争论。20

---

① 姜红：《作为“信息”的新闻与作为“科学”的新闻学》，《新闻与传播研究》2006 年第 2 期。

② 转引自付德根《词义的历史变异及深层原因——读雷蒙·威廉斯的〈关键词〉》，《文汇读书周报》2005 年 5 月 6 日。

③ 转引自王晓路等《文化批评关键词研究》，北京大学出版社，2007，第 202 页。

世纪90年代传媒“大众化”带来传媒业的多样化发展与繁荣，迎来了媒介的叫好声和市民的青睐，同时有人站在法兰克福学派精英主义立场，对“大众化”投以鄙薄的眼光，还有人认为“大众化”的通俗化带来了传媒的低俗化，也有人批评市场化运作给大众化报纸所带来的种种弊端。其中渗透着政府、媒介、文化精英与普通平民等诸种势力观念、利益的较量。又如传媒“产业化”在提出之初就遭到有关媒介监管者的反对，认为媒介是政治性很强的事业，而不要纯粹作为产业对待。[①] 与“企业化”——“产业化”相关联，改革开放以来，我们一直主张媒介“事业性质，企业化管理”，有人认为传媒既要坚持公益至上的价值标准，又须追求资源利用效益最大化。[②] 但又有人认为“事性企管”这“本身就是最大的一项悖论”，期待通过“相应的政策激励或改革措施推动媒体大胆的由‘事’到‘企’的关键一跳”[③]。同样，在对传媒“公共利益”的理解上也存在分歧：“公共利益”主要是指社会和国家的整体利益还是侧重公众私人利益，以及如何判断公共利益的主体与具体程序的设定。

索绪尔在区别词语的含义与价值时，认为后者是根本。[④] 在关键词争论中所体现的权力的博弈，实质上是在争夺话语的意义，是在通过对新闻传播活动的建构确立不同的价值取向，以定义媒介的性质、功能及其未来的走向。同时我们发现，随着改革开放进程的深入，在新闻观念层面政治对于新闻学的掣肘力愈益减小。

3. 关键词的变异表明新闻观念变革的延续性、渐进性

社会学研究表明，除了革命性的社会变革之外，其他的社会变革都是一个在维护既有体制的前提下不断自我完善的过程。改革开放以来新闻学关键词的演变及所伴随的论争，虽然体现着各种权力的较量，也反映政治对于新闻学的掣肘力的减小，但整个过程仍然是在主流意识形态的掌控之

---

① 转引自王晓路等《文化批评关键词研究》，北京大学出版社，2007，第202页。

② 转引自黄旦、邬晶晶、陈静静《中国“报业集团化”话语分析：加入WTO前后——从报业和报业管理部门的角度分析》，《新闻大学》2003年第3期。

③ 尧风、林锋：《公益为本　经营为用》，《现代传播》2005年第3期。

④ 李向阳：《在新闻事业与传媒产业之间徘徊——评传媒机构内部转型中的十二项悖论》，《视听界》2007年第2期。

中。新的关键词的提出并不意味着推翻或是完全取代旧的关键词，如“信息”概念的引入，在强调新闻的本质属性、信息的服务性的同时并不简单否定传媒所具有的宣传性和指导性。当人们强调媒介具有公共性、公共利益至上的时候，也不完全否认媒介的意识形态原则，认为这二者具有可通约性，因为“维护公共利益是党和政府的根本宗旨”[①]。而各级媒介管理层仍然可以通过各种方式规约传媒朝着预期的方向发展。

关键词争论背后表明各种力量的角逐，同时也是各种力量在磨合之中寻找一个平衡点。对“产业化”的提出由不赞成到默许再到批准成立传媒集团，多少反映了官方态度的让步。而面对传媒“大众化”浪潮，一些学者也改变了原先的精英式的文化批判立场，走出“象牙塔”，或参与传媒策划及生产过程，或在大众传媒上摆设“讲坛”，将《论语》《史记》《三国演义》等文化经典作通俗化、现代性的解读，使其与大众文化汇流。传媒则往往以“只干不说”“打擦边球”的非常规方式拓展媒介的发展空间，从而带动某些既有观念的改变。官方、传媒、学者、受众在不同的时间、不同的问题上，通过话语的交流、碰撞，最终达成不同程度的共识，这种现象表明，新时期新闻观念的变革其实是一个协商的温和渐变过程。

中国的新闻改革不是新闻体制的根本变革，而是在维持现有体制不变的情况下对现有体制的逐步完善，[②] 有人将此比喻为“对现行体制做健身运动”。新闻改革也不是一蹴而就的，在这场被喻为“摸着石头过河”的改革中，中国的新闻改革充满矛盾和不确定性，它既受现存体制的制约，又开拓和重构新的体制空间，关键词演变表征中国的新闻改革是一个延续的、渐进的过程。

---

① Ferdinand de Saussure, *Course in General Linguistics* (London: Fontana, 1974), pp. 97 - 103.

② 李良荣：《论中国新闻改革的优先目标——写在新闻改革 30 周年前夕》，《现代传播》2007 年第 4 期。

◇ 媒介文化

智能时代的信息价值观引领：技术风险与信息伦理*

郭小平**

摘　要：信息传播时代智能技术的应用，带来智能技术风险与信息伦理的反思。智能技术本身是伦理中立的，但智能技术的利用不是价值中立的。人工智能的价值观与创新观的平衡，必将是反思智能时代信息价值观的逻辑起点。直面数据挖掘、机器学习与智能推荐的技术进步，追寻算法中人本价值观与技术创新观的适度张力，强调工具理性与价值理性的平衡，是未来智能时代信息价值观的必然选择。

关键词：智能时代　技术风险　信息伦理

智能时代的信息传播依托了一种多重赋能技术（Enabling Technologies）。在技术专家卡格利·托拉曼（Cagri Toraman）等人看来，主观偏好影响记者、编辑的“人为”新闻选择，这使本质上客观的算法判断在新闻发布和制作中发挥着越来越重要的作用。[①] 传播学者马特·卡尔森（Matt Carlson）也认为，新闻判断既是新闻工作的核心功能也是令人担忧的功能，因此新闻选择中应该用算法判断代替人的判断。

研究者们对传统新闻学中新闻的客观性与记者的主观性张力进行了反

---

* 本文为国家社科基金重点项目（17AW009），中央高校基本科研业务经费资助文科重大及交叉项目（2015AD007）的阶段性成果。

** 郭小平，华中科技大学新闻与信息传播学院教授、博士生导师、副院长、广播电视学系主任。

① Cagri Toraman and Fazli Can，“A Front-Page News-Selection Algorithm Based on Topic Modelling Using Raw Text，” *Journal of Information Science* 41（5），2015：676－685.

思，以乐观主义态度对算法判断的客观性予以彰显，倡导用算法判断取代人的判断。这种观点延续了“技术决定论”的传播研究路径，忽视了算法设计的社会建构功能，也遮蔽了人工智能的技术风险和社会影响。有趣的是，2018 年欧盟发布《欧盟人工智能》（Artificial Intelligence for Europe）、《人工智能时代：确立以人为本的欧盟人工智能战略》（The Age of Artificial Intelligence: Towards a European Strategy for Human-Centric Machines）等，都强调了“人工智能价值观”以确保其“向善”发展的重要意义。

赛博文化研究的简单学术劳动分工或劳动力分配，常常化约了一些复杂、鲜活的技术问题，这迫使人们不断地追寻和探索智能技术和文化发展的新问题。最近，舆论对今日头条、一点资讯、抖音、快手等内容聚合平台社会影响的批评，以及新成立的“人民号”对“党媒算法”的倡导，为智能时代的信息价值观引领研究提供了新的路径。

一　信息传播中的智能技术应用

依靠尖端的传感技术，人类可以感知遥远的场景。① 哲学家马丁·海德格尔认为，技术是一种“解蔽”方式，是一种用于展示真理或事物本质的方式。② 人工智能在某种意义上突破了人类交往中“具身性”的要求。“人们会用机械发明去改善人的其他感官的能力：听觉、嗅觉、味觉、触觉。”③ 在麦克卢汉看来，机器或媒介是人的延伸并建构新的“感官比例”。

《人民日报》的数字化融合发展，既见证了新媒介技术的嬗变，也主动回应、适应并引领这一数字化、融合化和智能化的传播变革。从 1948 年 6 月 15 日创刊的纸媒《人民日报》到 1997 年 1 月 1 日诞生的网络媒体“人民网”，从 2012 年 7 月 22 日诞生的人民日报微博到 2013 年 1 月 1 日诞

① 〔巴西〕米格尔·尼科莱利斯：《脑机穿越：脑机接口改变人类未来》，黄珏苹、郑悠然译，浙江人民出版社，2015。

② 〔德〕马丁·海德格尔：《技术的追问》，载刘大椿、刘劲杨主编《科学技术哲学经典研读》，中国人民大学出版社，2011，第 104 ~ 127 页。

③ 〔美〕刘易斯·芒福德：《技术与文明》，陈允明、王克仁、李华山译，中国建筑工业出版社，2009，第 45 页。

生的人民日报微信公众号，从2014年6月12日诞生的人民日报客户端、2016年2月19日诞生的人民日报“中央厨房”到2018年6月11日成立的全国移动新媒体聚合平台“人民号”，新技术不断地嵌入新闻生产流程、重构媒介生态并呈现智能化的趋势。

从谷歌搜索引擎到Netflix的推荐评分，从电子地图的协同生产到分发平台的内容聚合，机器学习、神经元网络、自然语言处理等前沿的突破让人工智能和算法技术逐步走向成熟。2016年11月16日，百度董事长兼CEO李彦宏在第三届世界互联网大会上表示，互联网正处在一个新的阶段，移动互联网时代已经结束，未来的机会在人工智能。早期的个性化推荐系统依托群体智能，主要是基于用户的协同过滤；后来在机器学习的基础上衍生出基于文本的挖掘等多种算法模型，这为智能推荐的兴起提供了坚实的技术基础。在信息传播领域，模式识别、机器学习、数据挖掘与智能算法等智能技术，越来越多地应用于机器新闻写作、传感器新闻与信息推荐系统等。

二　技术哲学视域下的智能技术风险与信息伦理反思

在信息社会中，以前留给人类的操作、决策和选择越来越多地委托给算法，算法会建议如何解释数据以及应该采取什么行动。人如何感知、理解和与环境互动的过程被算法逐渐改变。算法的设计和操作方式与人们对其伦理含义的理解之间的差距可能会对个人、群体和整个社会产生严重影响。Brent Daniel Mittelstadt等研究者特别强调算法伦理重要性，将算法视为一种排除认知缺陷和纠正伦理问题的工具。①

事实上，人工智能在造福人类的同时，也引发一些信息风险与社会问题，如偏见、法律人格、侵犯隐私、技术性失业以及人类思维固化等。②

① Brent Daniel Mittelstadt, Patrick Allo, Mariarosaria Taddeo, Sandra Wachter and Luciano Floridi, “The Ethics of Algorithms: Mapping the Debate,” *Big Data & Society* 3 (2), 2016 : 1 - 14.

② 周亭、戴立为、曾柔珺、曾越：《人工智能的应用、趋势与反思》，载胡正荣、周亭主编《新媒体前沿：人工智能与虚拟现实》，社会科学文献出版社，2017，第18~21页。

2018 年上半年，抖音、快手、今日头条、火山、美拍等聚合式新媒体内容平台，因传播十四岁孕妈、生吃猪内脏等低俗不良信息被国家网信办约谈。性别歧视、隐私泄露、信息冗余、信息焦虑、“信息茧房”效应等，都是机器学习、智能推荐被社会批判的对象。算法与流量的双重问题，成为内容聚合与分发平台必须直面的问题。

就智能时代的信息伦理而言，技术引发的社会反思主要集中在如下两个方面。一是算法的公平与正义。机器学习的感知、决策与反馈是基于已有的数据库，因而算法的公平、公正还有赖于建构无偏见的数据库。二是过于依赖基于机器算法的信息推荐，可能导致“信息茧房”效应并消解网络用户的批判性思维。

事实上，人们对于工业社会、后工业社会乃至智能社会的无限向往与批判反思，一直伴随着技术的发展与讨论。争论既反映了“在关于人类终极地位的价值体系中存在差异”，也反映了“对这种崭新而陌生的智能体的不确定性所带来的恐惧”①。

三　智能算法的哲学：从“工具论”到“价值论”

“深度学习”（Deep Learning）和“生成对抗网络模型”（Generative Adversarial Nets Model）赋予机器自我学习能力，但机器行为往往是不公开、不可理解且不受人类审查的，因此偏见和错误可能进入智能系统。

智能技术本身是伦理中立的，并非“自带审视对错好坏的内嵌视角”②，但智能技术的利用不是价值中立的。当一点资讯、今日头条等资讯类 App，通过数据挖掘获取用户具有人口、行为以及社会属性的特征，为用户推荐个性化信息时促成人与信息连接，就涉及技术的伦理问题。

---

① 牟怡：《传播的进化：人工智能将如何重塑人类的交流》，清华大学出版社，2017，第 19 页。

② 〔美〕科德·戴维斯、〔美〕道格·帕特森：《大数据伦理：平衡风险与创新》，赵亮、王健译，东北大学出版社，2016，第 12 页。

在道德哲学的意义上，人工智能的“自主”，不是一种单纯的机器活动而是一种人类活动。因此，机器不能被赋予人的道德地位并继承人的尊严。[①] 从某种意义上来讲，算法只是一种工具，不能完全区隔价值观、抽离价值观，指导算法的应是一种价值观。[②] 单纯从智能技术来看，运用机器学习和智能算法的内容聚合平台只是一个技术公司。然而，一旦智能算法将文本（内容）、用户（兴趣标签）和移动网络终端（移动的信息）进行聚合、匹配与推送，将个人与社会、私人信息与公共信息连接，技术公司已然被赋予媒体公司的道德义务和社会责任。

类似“我们不生产内容，我们是数据分析的领先者”“我们不生产新闻，我们是新闻的搬运工”等口号，是技术的价值无涉的宣称。这一宣称遮蔽了社会意义上的算法失控与混乱。相反，“算法只是一种工具，指导算法的应是一种价值观”的理念，则强化了智能技术的社会建构功能与新媒体内容聚合平台的道德义务。

四　智能媒体的未来：技术创新与人本价值的平衡

凯文·凯利（Kevin Kelly）指出，近年来，人工智能技术在大数据获取、神经网络算法优化以及并行计算的廉价化的三大前提下迅猛发展。[③] 一方面，人工智能重构了媒介业态，影响了新闻生产的流程、互动模式以及媒介格局，也给用户带来新的传播模式与网络体验；另一方面，商业逻辑、流量思维或技术化思想的非人性化，也必将导致人类生活被打乱。

针对“流量变现”的平台需求与“算法批判”的人文批判，欧美的人工智能发展战略为智能时代的信息价值观引领提供了反思的契机。无所不在的计算机技术让人们承受“新的生理上的（重复绷紧的伤害）和心理上

---

① 曹建峰、付一方、霍文新：《欧盟眼中的人工智能伦理问题》，http://t3.m.sohu.com/a/225720332_455313，最后访问日期：2018 年 12 月 25 日。

② 常湘萍：《以主流价值观打造主流价值算法》，《中国新闻出版广电报》2018 年 6 月 26 日。

③ 〔美〕凯文·凯利：《必然》，周峰、董理、金阳译，电子工业出版社，2016。

的错乱（迷失的焦虑、信息的恐惧）”[①]。整体上，欧盟的人工智能政策秉持了“以人为本”的欧洲传统，凸显“人工智能价值观”以彰显其独特优势，即通过价值引导人工智能发展，以造福个人和社会。如果说欧盟秉持人权传统，引领人工智能的人本发展方向而非单纯的技术发展方向，那么人工智能技术领先的美国，则更加注重技术驱动的创新观，而非欧洲式的人文牵引的价值观或伦理观。

无论是技术驱动的创新观，还是人文牵引的价值观，人工智能的价值观与创新观的平衡，必将是反思智能时代信息价值观的逻辑起点。2017 年下半年，《人民日报》先后刊登《新闻莫被算法“绑架”》（2017 年 7 月 6 日）、《不能让算法决定内容》（2017 年 9 月 18 日）、《别被算法困在“信息茧房”》（2017 年 9 月 19 日）三篇评论，认为基于社交和点击量的算法技术应为真正有价值的新闻服务，内容不能被智能算法、商业力量与人性因素等主导，同时要警惕算法主导内容分发导致“信息孤岛”的风险。新成立的“人民号”，提出“党媒算法”的理念，尝试用主流价值算法来疏解“流量焦虑”与“算法焦虑”，在本质上也是在回应人工智能的价值观与创新观、工具理性与价值理性的平衡。

传统流量思维主宰的数字化聚合、匹配与推荐，遵循的是商业主义和消费主义的资本逐利逻辑。在此逻辑上，算法运用也能形成一种“算法陷阱”、“算法垄断”甚至“算法权力”。这种算法权力在平台的商业逻辑与媒介消费主义趋势的双重驱动下，强化人工智能的机器算法与快销资讯的精准匹配，借助网络数据来图绘、匹配用户的显性需求和隐性欲望。“伦理的影响是高度依赖语境的，但忽视了伦理影响的‘在场’就等于主动向创新利益和风险损失的失衡招手。”[②] 在针对新科技的文化研究者看来，基于流量思维的算法推荐，在减少数据聚合与匹配的时间并提升个性化推荐的精准度的同时，也遮蔽了算法权力背后的多重意识形态性和“数字资本主义”特征。

---

① 〔英〕马丁·李斯特、〔英〕乔恩·多维等：《新媒体批判导论》，吴炜华、付晓光译，复旦大学出版社，2016，第 363 页。

② 〔美〕科德·戴维斯、〔美〕道格·帕特森：《大数据伦理：平衡风险与创新》，赵亮、王健译，东北大学出版社，2016，第 13 页。

尽管智能技术不断地塑造并改变人类的日常生活与社会行为，但“技术如何影响我们”，常常被作为技术决定论或技术乐观派的观点，受到传媒学界的批判。这必然导致两个后果，即“整体上对技术的历史和哲学的无知”和“从文化和媒介研究的角度理解技术作用的研究缺失”①。随着人工智能不断地嵌入当下社会与公众日常生活，排斥算法逻辑是传播理念的倒退。直面数据挖掘、机器学习与智能推荐的技术进步，追寻算法中人本价值观与技术创新观的适度张力，强调工具理性与价值理性的平衡，是未来智能时代信息价值观的必然选择。

① 〔英〕马丁·李斯特、〔英〕乔恩·多维等：《新媒体批判导论》，吴炜华、付晓光译，复旦大学出版社，2016，第366页。

新媒体伦理：传统与挑战*

彭增军**

摘　要：新媒体改变了信息的生产方式、生产关系和社会关系，产生了新的信息生产关系和新的媒介伦理关系。组织与社交个人的媒介伦理价值正面临两难局面，但新闻专业主义仍应获得大众的认可和重视。业界和学界不应仅仅依靠自身的戒律和规范来应对，更要面对全体网民的新闻传播行为，积极动员受众参与讨论，在各方互动中形成新的伦理准则。

关键词：新媒体　媒介伦理　伦理准则

非常感谢湖北大学新闻传播学院的邀请，非常荣幸来到这里见到各位老师和同学们。每次见到中国的同学，就如见到亲人一般，非常亲切。我时常想：近十几年一直在培养美国的孩子，我多么希望在我的课堂上能见到我们国家自己的子弟，能和他们一起探讨一些问题。所以很期待每年的夏天回到祖国和大家见面，给大家做讲座是一件很愉快的事情。

今天主要想和大家探讨新媒体伦理方面的一些问题，因为我觉得这个题目大家都比较熟悉。在座的都是年轻人，对于新媒体或许比我们老一辈的人实践经验更多，“90后”基本上是“新媒体原住民”了。我们老一辈人算是“移民”，是从看报纸、看杂志、看书得到一些信息，而你们有很丰富的实践经验。

在实践当中我们遇到一些共同的问题，比如前段时间微博上炒得比较多的关于文章的新闻，以及马航失事，都是新媒体伦理放大的时代表征，

* 本文系彭增军教授在湖北大学新闻传播学院讲座的记录稿，已经本人审阅。

** 彭增军，美国圣克劳德州立大学教授。

有些是新媒体伦理，但有一些是旧媒体伦理，有一些根本不是伦理问题而是品位问题、法律问题或是一些其他问题。以上这些大家都有切身体会，有助于我们之间的对话。我也希望在这里听到大家的感受，这样我也回去对美国孩子们谈谈我们国内学生的一些见解和认识，如果有机会大家可以在同一频道上认识探讨。

我们先拉拉家常，拉近心理距离，因为大家对美国有些地方还不大熟悉。我毕业以后连走两个州到现在的明尼苏达，那个地方相当于中国的东北，是比较寒冷的一个地方，但是夏天也可以“热情似火”。希望大家有机会能到那里游玩、学习。大家可能都吃过一种冰激凌叫“哈根达斯”，公司的总部就在那里。回到国内我发现“哈根达斯”特别贵，如果大家去那边，我可以请大家每人吃一桶。明尼苏达还生产防毒面具和口罩，还好武汉污染不是很严重。我每次回国都带回不少那种口罩，那是正宗的3M所产。

说到新媒体，我使用电脑算是比较早的。QQ 出现的时候我有一个六位数的号，不过后来被人盗了。不过我还有另外一个 QQ 号，各位如果有什么事情可以给我留言，微博同样也可以，微博在美国只是在华人中间流行，用得比较多，很方便，也很亲切。大家可以加我的微博。

我的微博名叫“clueless”。“clueless”意思是无线索，北方话叫“找不着北”。我现在微博粉丝有 7000 多人，比起“大 V”是太少了；如果增加到 8000 人，对我的美国学生来说我该多牛啊，我说我有 8000 粉丝，他们觉得很多，美国人少嘛。

新媒体，我们说它不是一个特别科学的概念，如果这个概念不科学、太泛的话，可能就不太有用。讨论的时候大家都说不一样的东西，涵盖的面太广。你说新媒体，新媒体指的是什么，你说新媒体是手机，或者说我心里想的是 iPad。所以，有时候，谈论媒介或者技术的时候，必须搞清楚你在说什么。

什么是新媒体？我们对它还没有非常一致的看法。以前我们觉得任何一种新的技术主要的使用者应该是年轻人，那些比较时髦的、走在时代前列的年轻人。可是大家都知道有一个人比较聪明，他叫乔布斯。乔布斯已经离开我们几年了。他认为 iPad 比较酷。可是他没有想到，iPad 用户增长最快的是两头，从年龄段来划分，一头是大人，另一头是小孩。过去这两个不搭界的年龄段的人在使用媒介上碰不到一起去。大家都知道，在美国，祖孙两代联系比较少，没有任何的介质可以让他们交流，充其量打个电话。而现在，爷爷奶奶同孙子孙女就可以同步视频，非常简单，小朋友和老人之间的这种交流是我们和乔布斯没有想到的。况且以前买 iPad 的人都是走在时代前列的有钱人。现在 iPad 的使用者中有相当多的人是白发苍苍的老人，以前都没有用过电脑。我有学生在苹果专卖店里面打工，卖 iPad。老人说他可从不知道怎么用电脑，销售人员会说那太好了。像 iPad 这种东西，如果你以前有使用电脑的经验，相反会成为一种障碍。你原来用过个人电脑，你再用 iPad 就会觉得特别不习惯，你会找 C 盘在什么地方。老年人从来没碰过电脑，他一点都不懂，这个好，你就只管用手摸。

我们可以看到新媒体的受众、使用者发生了很大的变化。我们考察一种媒体的时候，尽量把目光放得长远一点。要问一个问题，这个新东西是不是只是历史进步中的一小步，再过两三年它就完全被取代了，还是这个东西从根本上发生了革命性的变革，影响了我们的生活方式和生产方式，以及这种生活方式和生产方式带来了社会关系的改变。也就是说，媒介的改变特别彻底，它不是改良，而是一种革命，以前的那套统统丢掉。那么这个新的媒体会使你的生活和社会关系发生改变。

刚刚我们说到伦理，伦理无非要处理和调节人与人之间的社会关系。新媒体带来革命性的变化，它改变了信息的生产方式、生产关系和社会关系，以前不碰面的，现在碰面了；原来不搭界的，现在搅在一起了。大家都知道媒介，单数 medium，复数 media，传播的介质很重要。我上午刚参观了湖北省博物馆，看到很多青铜器，青铜器带给我们很多信息，它也是一种传播的介质。纸作为一种媒介，在中国存在 2000 多年了，虽然它没有太大变化，但纸依然是一种最为轻便的、应用最为广泛的媒介，它能把 U 盘这些东西比下去，最重要的东西还是纸。它是那么简单的一个东西，但有那么多传播上的优点。像我们现在用的 Flash 能存 2000 年吗？200 年？20 年？我们人类走向世界尽头的步伐有始有终，我们现在走得太快了也许不是一件好事情，现在 1 年走了过去人们 200 年、2000 年所走的路。我们要从历史上考察媒介的进化过程，以及进化过程中每一次革命性的介质的改变。就像我们说纸，就会想到印刷机，北宋沈括在《梦溪笔谈》里谈过活字印刷术，但是具有革命性的，大大影响人们生活的介质还是纸。以前的介质你很难说它是一种大众媒介，因为普通老百姓得不到这种东西，只有权贵和知识分子用得起这种媒介，不管是写字的技术还是知识都无法被劳苦大众拥有，印刷机的出现使传播成为一种大众行为。然后就是电报，每一种传播技术都使人们更自由地支配自己的自由，都使人脱离了实现自由的束缚。时空，谁都逃离不了。电报作为一种媒介，比纸更进了一步，因为信件需要通过马、车等物理形式传播，见字如面。电报是脱离时空限制的传播方式，这是革命性的。

然后就需要说说麦克卢汉，长得非常帅。麦克卢汉有句名言：媒介即信息。比如说宝马，不仅仅是车，也是媒介，也是信息。特别是对中国人，传递的信息是非常丰富的，它在美国可能就是一个比较贵的车，在中国，这个车本身的信息量很大。之前有车展，大家都去看，其实真看车的不太多，主要是旁边的车模。当时有很多知名车模，有国外的和国内的。同样是美女，中国的车模穿得就凉快一些。所以有人感慨：如果你看到一个宝马，站着中国的车模，你就会觉得你必须要有这么一个豪车，才可以配这样的美女。国外的车模给你的信息是只有这样的美女才能配这样的好车。介质都差不多，信息却不一样。

新媒体到底新在哪里？即时性，交互性，非线性？这些特质都重要，但最重要的在我看来是这个。照片上的人大家都认识吗？长着大胡子的，“姓马的”，改变了无数中国人的命运。“姓马的”都厉害，比如马云、马化腾。这位“姓马的”写过一本书叫《资本论》。生产资料和劳动者的分离是资本主义的一大特征，我们可以从这个角度来思考一下大众传媒的生产过程。

美国人有言论自由、出版自由。你的出版自由可能只是自己手写个标语贴，贴的地方不对还要被罚款；你的言论自由也可能被限制在特定的场合喊几下。所以，生产方式和生产关系的改变是考察新媒体一个比较好的角度。新媒体改变了生产方式和生产关系，尤其带来社会关系的变化。新旧两个关系不一样。以前这事没得商量，现在这事要商量。比如我是“大V”，我有上千万的粉丝，以前不可能，从哪弄上千万的粉丝。以前的信息生产和传播，你有什么你就是什么，现在要看你能分享什么。比如我不优秀，但是我可以分享，我就有价值。今日头条，大家都知道融资融了很多钱，它就是 share，这个东西不是它的，但是它 share。现在都是共享，包括信息的生产和分享过程。这是一个非常大的改变，生产方式和生产关系的改变。

说了半天还没说到新媒体伦理，因为讨论的出发点是新媒体是如何改变生产方式和生产关系的。

我们要讨论的主要是新闻媒体的伦理，所以先说说新闻。

新闻是什么呢？英文的词汇量比较大，新闻可以是 news 和 journalism。这里说 journalism。

我曾经说我们新闻学是有理想的一个学科，journalism，后缀是 ism，socialism，communism，capitalism，都是涉及思想价值观体系的，我们 journalism 太不同了，我们新闻高大上呀。那我们说，在新闻生产过程中，确实有理念，但光有理念不行，还要有实践。新媒体革命，作为一个行业和一个职业，到底革掉了我们什么，到底改变了我们什么。不要小瞧行业这两个字，一会儿你们就知道它有多重要。在中国，我们老是强调，你这个人要有单位，碰到街上吵架，都会说你哪个单位的?! 美国也是一样，我们原来所说的新闻媒体是指有组织有纪律的，非个人行为，不管你承认不承认。那么，以前我们定的规章制度怎么办？是不是还适应？如果需要改变，到底由谁来定？如何来制定这些东西？

在讨论这些问题之前，我们先来看看传统。

传统新闻 journalism 有很多定义，包括理念和具体的技巧。1908 年世界上第一个新闻学院——密苏里新闻学院成立，院长叫威廉。威廉对中国很好，他没上过大学，却当了院长，更不可思议的是，后来他还当了大学校长。他说了一句特别好的话：新闻的本质是公共服务。因此如果你的 news 不为公共服务，我就不买你的账，不认你是 journalism。而 journalism 不卖任何东西，即使是真理我们也不卖，我们只提供事实。据说美国马里兰大学新闻学院有位院长就说：“你要卖东西就别在我们新闻学院。”随后把广告专业和公关专业等赶到商学院去了。

所以我们要谈新闻伦理，就必须谈新闻专业主义。要谈新闻专业主义，首先要知道谁是新闻工作者。我们是一群有组织、有理想、有道德、有自由并且受过专业训练的新人。在许多时候，定义一个人是什么，不是你干什么，应该干什么，可能更重要的是你不干什么。比如美国的报纸有条人人都明白的戒律：We don't publish bodies, dead or alive。往往不干什么，可以判断你是不是高大上。

《南方娱乐周刊》爆料文章出轨，先在微博上预告什么"周一见"，马伊琍回应的一句什么"且行且珍惜"。这个事件一出来就有很多人说《南方娱乐周刊》是不是有点缺德了，违背伦理道德，我看问题不在这里。公众人物、明星私生活混乱会影响到下一代，很多人拿你做榜样，你有多少粉丝啊。《南方娱乐周刊》执行主编谢晓也发表了一篇文章，解释他们当时的"周一见"是怎么想的。她说他们已经考虑到各种可能发生的问题，马伊琍和文章也不至于为这次爆料离婚，所以后果是完全可以预见的，是可控的。这就有点矫情了，如果真离婚了又怎么说？

当你做了这件事，人民群众质疑你的时候，你要解释，你有责任说为什么干，为什么不干。所以，谢晓做的这一点是令人赞赏的。我所不舒服的是，《南方娱乐周刊》明明干了小人的事，却要拿公众的知情权来说事，强调公众利益，明明是为了商业，炒作自己。你应该周六、周日或者当时就见，如果对人民群众负责的话。所以应该提早"见"，而你拖着不"见"。我前面说了，我们是谁，我们是一批坚持公共服务的人。我们什么不干呢？我们不干"周一见"那样的事。所谓的新闻伦理说白点就是君子之道，有所为有所不为。君子喻于义，小人喻于利。小人说我讲利益，讲利益也没什么不对。舆论专家也好，新闻专家也好，一直在掰扯究竟是否有权发表这个，是不是违反伦理。当然是有权发表的，所以有时候貌似是个伦理问题，实际上更多的是一个品位问题。君子有所为有所不为，人家就不干，人家觉得这不是他的品位。

我们传统上有关新闻媒体功能有一系列的概念，如公共服务、提供信息、娱乐、教育等。媒体的教育功能很重要，比如说中国各地方言很多，继电视普及以来，很多老太太都能听懂普通话，很多没受过多少教育的人也可以说普通话，或者是讲带普通话口音的本地话。传统意义上讲的新闻伦理，第一条就是寻求真相和报道真相。后者很重要，光知道真相不行，你知道后还必须要报道，否则你就违反新闻伦理。当老师就没有这种伦理上的问题。但是如果记者知道真相不把它曝出来，就是犯了天条。另外，你要有担当（accountability），犯了事就要有担当。比如说当时一念之差，图片忘记打马赛克了，错了就错了，为此负责，下次改正，这就是担当。

这些东西，这些旧的传统的伦理，它的产生以及应用都有个环境前提。比如说，这些搞新闻的人，被当作把关人，他们也把自己当作把关人，所以要提各种各样的要求，这是一个大的前提，这是新媒体出现以前的把关人的概念。现在好多人不服，你的空间被人挤掉不少，跟原来的环境大不一样，那么以前“闭关自守”约定的那些伦理、教条怎么办?

新媒体伦理具体又是什么东西呢？有些事真的是新媒体才有的伦理问题，传统媒体、传统的传播方式根本就不会有这种问题。而有不少问题是传统的伦理困境在新媒体上的反映而已，比如说隐私、版权、诽谤等。

有些东西是以前没有碰到的困境。以前的新闻生产方式是以编辑部为中心，编辑部是有一套产品质量监控系统的。记者采访以后交给组长，组长看了以后给编辑，编辑一道一道在手上过了，最后再上交。现在程序被打乱了，原来的监控系统或者被简化或者被平面化。

还有一个问题。我们说原来的新闻工作者是有组织的人，是有单位的人。原来的新闻工作者如果违反了纪律，是由组织处理的。另外，同行可以对你形成压力。比如这张图片——《秃鹫与小孩》，是一位叫 Kevin Carter 的特约记者拍的，他跑到非洲，遇到非洲大饥荒，看到这个小孩马上就要倒下了。这张照片后来获了普利策奖。非常有震撼力。这张照片后来起的作用特别大。但是他本人受到很大的伦理折磨，就是说，他受到来自同行的舆论压力，说他为了名不顾人的死活，这个压力是非常大的。

如果你是一个有组织的人，如果你违反了纪律，组织说你不行，说你弄虚作假，要开除你。如果记者犯了这种事的话，在这一行这碗饭你是端不了的，这个机制是存在的。现在呢，对有些人存在，对有些人是不存在的。

还有一个，我们知道，新闻记者要中立，要客观报道，不能表露自己的立场，不能总去一个酒吧或者教堂，哪怕是公益组织，因为你需要做的是公共性的东西，跟别人私下的关系影响你的客观性。国内很多搞公益的记者做了很多好事，但是身份怎么定呢？以前记者避免自己成为新闻，成为公众人物，成了公众人物这碗饭就端不了了，而现在，由于新媒体的出现，很多记者成名人了。他自己有博客，成为意见领袖。一旦成为意见的领袖，你持有某种立场、某种观点，公众知道的话，你再去报道，作为一个新闻工作者出现的时候，你的两种身份有没有冲突？公众怎么信任你？你怎么说你是客观公正报道？

现在央视的意见领袖很厉害，粉丝很多。如果新媒体的产生让这些记者成为意见领袖，有些抛头露面的机会，势必会影响他们客观公正的报道，这是一个大的问题。如果有这种冲突的话，怎么解决？或者说这个问题就是无解的。现在的媒体单位里面有时候对这个事情还真不好办，我需要你帮我拉一批忠实的观众活跃节目气氛。比如说，我有几个名人，光养他们的粉丝收视率我就能赚钱。可是呢，它又是一把双刃剑，大家都知道你和某个组织走得比较近，起码你不能说是公正报道。也许人家不在乎，我就是不公正报道，有人喜欢也行啊，像美国的福克斯，它一直说是公正报道，但是它实际做的就是使劲往另一边的意见拧，收视率飞速往上涨，你没辙，市场就是喜欢偏见，否则，谁来看你啊，光客观报道不枯燥嘛，最好两个人打架，有交锋。

有一个记者身份冲突的典型例子。央视某主持人在微博上发布外国人不好这样的帖子，这个言论肯定是不合适的。他说这是个人博客，人人都有表达自由。然而，如果你还主持访谈节目的话，有冲突吗？你怎么能客观呈现一些重要的信息，我不信任你。但是他说这是他个人言论，别人管不了，单位不能管他，但是单位能不管吗？这是影响电视台的信誉的。

新媒体有个口号叫“人人都可以是记者”。当每一个人都可以当记者的时候，那么专业记者、公众记者和非记者都必须遵守同一套伦理道德标准吗？如果你是一个职业记者，你必须有一个高的职业伦理标准要求自己。但我是公众记者，我是自媒体，我只需要遵守法律，我犯法了你告我，不受单位和一些行业规矩的约束，只看市场。那么这些人进入新闻生产过程了怎么办？他们生产的内容是不是用同一种伦理标准去规范？还有专业记者，当他在多媒体多平台报道的时候，做新闻、视频、文章的时候，是否遵循同一个伦理标准？有的人说，写博客和出去做一个记者应该分开来论。如果你是一个普通老百姓，说了什么不当的话，你有言论自由表达权，不受职业伦理道德的约束。职业伦理就是一个行业的职业道德规范。还有多平台出版的信息，从 Twitter 发出去的，社交媒体发出去的，是不是要用同一个职业道德规范来约束？推出去的东西比较短，媒体没有仔细审核是不是对的？或者执行的是另外一个标准，先抢出去，行不行再说。

那么，出错怎么办，怎么更正？以前的报纸，今天错了，第二天就必须在报纸上更正。现在犯错怎么去纠正？有人说直接去改原文；又有人说如果犯错了，大不了把原来的文字改掉，把错误掩盖上。现在最严重的问题是，在网络上，如果你犯错了，基本上不可改正，传播的速度非常快。

从中国的环境来讲，我觉得新媒体促进媒介伦理的发展，以前谁会知道什么是隐私。新媒体产生新的社会关系、新的准则、新的知识，这种建设促进了媒介伦理的民主化、社会化，我觉得这是特别值得注意和研究的。

（下面进入讨论研究互动问答环节。）

学生：美国有没有微博公知这种群体？在新媒体的环境之下，微博公知这种群体也有自己的观点，他们应该遵循什么样的伦理道德？

彭增军（以下简称彭）：没有，很多公知群体不是我们媒体伦理范畴的。我刚才说的那些是媒体，搞大众传播这方面的，涉及你和观众之间和同事之间的这种道德伦理关系。公知里面有不同身份的人，虽然会有一部分的公共知识分子遵循普遍的伦理道德，但是他们也不是一个行业，你没有办法跟他说，你应该用什么行业的伦理道德。那么大家可能要遵守的就是都说真话，不能撒谎，不能造谣。作为知识分子，我可能不会谩骂和我观点不同的人，不去搞政治陷害，但是我维护我的言论自由权利。

学生：不同的文化有不同的道德标准，在新媒体环境下，不同文化会有很多的碰撞，这种碰撞会产生文化的包容还是冲突？

彭：冲突，中国新媒体产生的好处是大家能把问题民主化、社会化，大家去讨论、解决问题。这个问题很重要，我们说要做大国，建立一个和谐社会，伦理道德是很重要的一部分。光讲法律，光讲经济关系这个不行，有时候你的做法没有错，但是你见老人是这个态度的话，有悖于社会和谐，这不是一两句话能说明白的。我觉得伦理问题是特别重要的，有些东西是超越法律的，不同文化有自己的伦理来规范你的行为。

学生： 有一个母亲去广州打工因为自己的孩子得了疾病需要钱，有个网友看到想帮助这个母亲做一个策划，他装成一个富二代，让这个母亲从广州最繁华的街段的一头跪走到另一头，最后母亲筹到足够的钱去救治小孩，从伦理道德上来看这是没有错的，但是从新闻的真实程度上来看又是不对的，你怎么看？

彭： 虽然这是一个策划表演出来的事情，但是她确实有个孩子需要救治，和别人策划去博得人们的同情。这里面产生了伦理问题，这主要不是媒介伦理的问题，是属于哈佛大学教授迈克尔·桑德尔讲的伦理困境问题，是看结果符不符合伦理，还是看这个过程符不符合伦理，所以不同的人有不同的看法，这个是需要大家去想、去讨论的，你问的问题不是媒体方面的问题。

学生： 有人说他确实没有什么新闻点，就给他说了一个方法，让他半年之内去找八份工作，那个人真的去找了八份工作。后来这个记者就以为救父身兼八份工作这样一个新闻点去报道。

彭： 那绝对是有问题的，你在策划一种东西，不管你后面的结果是什么样的。我可以赞扬你的结果，作为你一个人你做得很不错。但是从专业上来讲，那我就说你做得不对，通过欺骗的手段达到某一种目的。如果你有担当，就把这个事做完以后辞职不干，向大伙儿坦白。可如果是你弄完了，你不跟大伙儿说，你又觉得你干了件好事，这在专业上是绝对不行的。

老师： 互联网兴起以后，传统媒体受到很大的冲击，在中国媒体行业，纸质媒体多数被互联网冲得稀里哗啦，但是美国的社区报纸并没有受到太多的影响，正好您从美国来，请您分析一下传统媒体在这个形势下受的影响有多大。

彭： 正好我走访过当地的一家报社，有一百五六十年的历史。我跟总编关系特别熟。在美国，有一种报纸是最不好过的，是地区性的报纸。小的地方报纸压缩开支，它的内容中很多东西是通过谷歌找不到的，因为地方太小，就是社区的东西。最火的就是，高中生毕业舞会的图片报道，一传十十传百，七大姑八大姨都知道了，都去看。比如去参加一个舞会或球赛，好多毕业五六年的校友都会去看结果。这些新闻，是谷歌所不能提供的，必须依靠当地报纸去提供，所以虽说日子不太好过，但是仍在赚钱，经济不太好，但是仍能保持不下跌。中间的地区性报纸就不行了。以前的报纸，家族的比较多，家族有钱了，这个名望之类的是很有诱惑力的。现在不一样了，华尔街的资本逻辑不怕你不赚钱，但是要看你预期。所以现在这个问题，不是我做得好不好，而是资本市场觉得你行不行。互联网、新媒体有没有冲击？有冲击，但是，是不是冲击造成了你这样，问题很复杂。可能要经过一段困难的时期。大家现在已经意识到新闻的采集和呈现，对数据和资料的处理与呈现是有价值的。在这个知识爆炸时代，你从网上获得的有用信息是非常非常少的，你需要一个你信得过的，能提供你需要的服务和信息，而这种东西不是白给的。以前的支付方式是消费者通过广告商，我买你的产品，你去报纸做广告，媒体也就赚钱了。现在的广告商不通过媒体，同样能达到目的，他们为什么还要支持原创呀。那么群众会慢慢地意识到：这些可靠的专业的媒体，有组织的行为是有价值的，是应该付费的。为什么我们给律师一小时三百块钱？我觉得广大人民群众会逐渐意识到：应该怀念那些非常专业的新闻记者，信任那些人，不能让他们消失。这个可能有一个过程。还有一个就是美国的经济形势正在逐渐转好，大家知道经济危机对美国的冲击非常大，这个也是雪上加霜，掩盖了许多问题，说互联网是主要原因，其实互联网只是一部分原因，它造成了传统媒体的困境，但是我相信这个现象会改变。

学生：现在美国的免费报纸发展怎么样？中国现在研究社区报的很多。

彭：哪个报纸啊？因为这个我研究的不是太多，但是前提是我在华盛顿的时候，华盛顿邮报社出的地铁报，非常简短，是免费的。

学生：它有什么特点？

彭：我特别喜欢这个报纸，因为报纸后来越弄越厚，但它的质量一点都没有下降，只不过是把精华部分推给你。那么现在问题是好多广告商愿不愿意往这里面投，好多广告商还是愿意搞电视，或者是社交媒体、大数据、亚马逊，而不愿意把钱投给免费报纸，知道免费报纸的广告赚不了什么大钱，所以它经营起来比较困难，但是这个报纸是特别好的。香港是一个特别好的例子，我 2012 年在香港浸会大学教书。香港一共六七百万人口，光地铁报就有 6 份，地铁报加起来的发行量就可能有 600 万，况且一份报纸可能有不同的人读。所以非常值得研究，它怎么活，它肯定能活，赔钱它肯定不干。它主要的方式还是传统媒体的方式，可香港和其他地方的报业还真不一样，非常特殊。

网络用户劳动、数据商品与媒介资本价值

郑忠明[*]

摘　要：本文基于一些西方学者关于网络用户媒介使用行为作为一种劳动行为的研究，提出网络用户劳动参与制造了“数据商品”这一观点，并具体分析了网络用户劳动、数据商品、媒介资本价值之间的关系，这是工业时代资本主义商业逻辑在Web2.0这一新型网络环境下的延续和发展，本质上是媒介资本巨头借助网络技术将劳动场所从工厂转移到社会的过程，继而将网络用户的行为、情感和社会关系数据化、商品化，从而实现价值增长，大数据技术的发展进一步印证了这一转变对媒介资本价值增长的未来意义。

关键词：用户劳动　数据商品　大数据　媒介资本价值

网络用户不只是信息消费者、媒介使用者，也是信息劳动者。20世纪70年代，有两位学者的思想曾经预示了这种根本性的转变。一位是未来学家阿尔温·托夫勒，另一位是传播政治经济学者达拉斯·W. 斯迈思。前者提出“产消者”（Prosumer）思想，后者提出“受众劳动”（Audience Labor）思想。两个人的思想对于思考网络时代用户媒介使用行为作为一种劳动行为与媒介资本创造价值之间的关系有重要启发。

一　网络用户媒介使用行为与劳动

1971年托夫勒提出“产消者”思想，他认为，被动的消费者转变为主

* 郑忠明，博士，湖北大学新闻传播学院讲师。

动的产消合一者是一种“根本的变革”，这种变革使得“消费者越来越卷入生产过程中去了”，“消费者和生产者之间的界限越来越模糊”（托夫勒，1984）。工业时代的消费者开始承担一部分企业劳动，诸如银行自助取款机让许多过去由银行职员给储户服务的劳动转移到储户身上，自动化技术降低了企业的人力成本，让消费者扮演了生产者的部分角色。

1977 年斯迈思提出“受众劳动”思想，当时北美电视媒体蓬勃发展，他批判了文化研究学者过度关注资本主义文化工业塑造受众“意识形态”的功能，而忽视了其经济功能。斯迈思从商品入手，提出“受众商品论”，他说：“垄断资本下批量生产的、广告支持的传播其商品是什么？我认为，这一问题的唯物主义答案就是观众和读者……大部分人所有的非睡眠时间都是工作时间，这种工作时间被用于生产一般商品以及用于劳动力的生产及再生产。工作之余的最大块受众时间被卖给广告商。”（Smythe，1977）“受众商品论”包含两个最有争议的词——受众商品和受众劳动。斯迈思认为，受众劳动就是“学会购买特别品牌的商品，同时花费他们的收入。简而言之，他们（通过观看）劳动以创造广告商品的需求。与此同时，受众再生产了他们自己的劳动力”（Smythe，1977）。电视媒体提供的免费节目只是一种“免费午餐”，目的是吸引受众。

无论是托夫勒的“产消者”，还是斯迈思的“受众劳动”，本质上都指向作为商品消费者的个体和作为信息消费者的受众给资本创造价值的现象，都指向生产者和消费者身份的合一带来的变化。几十年后网络的快速发展，进一步模糊了生产和消费的边界，当今网络信息生产环境“消除了生产者和消费者的边界，使所有参与者成为用户，他们同时也是信息和知识的生产者”，称为“生产使用者”（Produser）（Bruns，2006）。“生产使用者”的用户，不只是被动的信息消费者、媒介使用者，也是主动的信息和知识生产者。

传统媒体（报纸、广播、电视）受众，被动地阅读、收听、观看，这些受众的媒介使用行为一直被视为信息消费行为，因为，大众传媒创造的价值主要来源于广告商的广告费，广告商创造的价值来源于受众消费购买广告商的产品，第三方测量公司则通过对各种媒介受众数据的测量创造出“收视率商品”卖给广告商或媒体创造价值。这样一来，受众表面上并没有参与大众传媒产业的劳动价值创造，是电视媒体的工作者、工业企业和广告行业工作者乃至收视率产业工作者创造了媒介资本的增值价值。斯迈思分析了整个大众传媒的商品，他认为整个大众传媒制造了“受众商品”而不是“信息商品”，从“受众商品”入手，他直指大众传媒产业本质上利用了受众观看劳动创造价值。斯迈思“受众商品论”提出后，引发了著名的“盲点之争”（Blindspot Debate），很多学者如 Murdock（1978），Meehan（1984），Jhally 和 Livant（1986），Maxwell（1991）参与到这场争论中。争论的焦点是受众是否是商品，受众是否在劳动，其劳动是否产生了价值。

的确，把受众观看电视这一消费行为视为“劳动”极富争议。然而，网络时代的快速发展使那些围绕斯迈思“受众劳动”思想引起的争议变得逐渐清晰，特别是意大利自治主义马克思主义者的“非物质劳动”思想使网络用户媒介使用行为与劳动行为的内在关联成为一个值得探究的问题。

女性学者 Terranova 第一次引入意大利自治主义马克思主义者的“非物质劳动”思想，分析了数字时代用户媒介使用行为，她把用户媒介使用行为称为“自由劳动”（Free Labor），网络用户自由劳动包括“建网页行为，修改软件包，阅读和参与邮件列表以及建立 MUDs 和 MOOs 虚拟空间”（Terranova，2000），这一分析也使网络用户行为与劳动行为之间初步建立了联系。

十几年后的今天，已经到了 Web2.0 时代，用户媒介使用行为已经不限于 Terranova 所描述的行为。当今网络用户媒介使用行为种类非常多，如搜索引擎的信息检索、网页信息浏览、点击、阅读、评论、论坛跟帖、转发、分享、点赞、回复、QQ 聊天、上传文件、下载文件、发微博、评价、举报等。Web2.0 教父 Tim O'Reilly 从媒介资本发展的角度指出：“Web2.0 时代要在市场占主导优势，用户对网络影响的贡献至关重要。”（O'Reilly，2007）这里所说的用户贡献，实际上包含对媒介资本而言有价值的用户媒介使用行为，但用户的贡献不一定就创造价值，所以网络用户媒介使用行为如果是一种劳动行为，就需要在网络用户各种媒介使用行为与媒介资本价值增长之间建立本质联系。也就是说，需要检视网络媒介资本创造的商品价值中是否凝结了无差别的网络用户劳动。

本文认为，用户劳动参与制造了“数据商品”，“数据商品”成为许多网络媒介资本价值增长的重要部分。这一思路既源于斯迈思“受众商品论”，也是对这一思想在网络时代的发展，使斯迈思“受众商品”和“受众劳动”思想更具有现实意义。

二 数据商品：用户劳动与媒介资本价值

在传统媒体时代，受众数据的价值成为广告商投放广告的决策依据。以电视产业为例，电视媒体、广告商、第三方测量公司创造价值的过程，离不开受众行为数据测量技术的发展，受众测量技术的演进过程就是“收视率商品”价值增值的过程。

20 世纪 20 年代的美国，广播业的出现催生了电子媒介受众测量技术，最初是电话回忆和电话同步调查方法，这种方法受到电话普及范围等诸方面的限制，后来的收听调查仪（Audimeter）和纸质日记法使测量更精确，受众测量公司能节约成本。但收听调查仪比较昂贵，纸质日记法则较为低廉，故而在 20 世纪 50 年代，纸质日记法兴盛，成为测量广播受众的主要方法。电视行业沿用广播行业测量技术的同时，也引入了更加先进的人员收视仪（People Meter），这种收视仪将受众人口统计学数据与受众收视行为数据紧密结合，使受众数据更为精确，如美国在 1987 年就开始用人员收视仪取代收听调查仪测量全国范围内的电视受众（南波利，2007：50）。

就电视这类传统媒体而言，受众测量技术能把受众注意力转换成受众行为数据，但这种数据要成为商品，从而实现交换价值，还要经过受众测量公司的加工劳动，学者就曾修正了斯迈思“受众劳动”的观点，认为不是“受众劳动”产生了“受众商品”，而是收视率公司员工的劳动创造了“收视率商品”（Fuchs，2012）。受众数据这种商品是不够精确的，因为要测量人类的注意力相当困难，“为了有效地进行监测，特别需要受众的允许和合作，甚至参与，以便将一些像注意力这种抽象的东西变为有形的受众数据，这些数据是可以在市场中进行购买和销售的”（南波利，2007：4）。所以，有学者认为，受众参与收视率调查本身也是一种“受众劳动”（Shimpach，2005）。但是，这类参与收视率公司调查的“受众劳动”简直可以忽略不计，大部分受众数据商品中凝结的其实主要是收视率产业工作人员的劳动。

“互联网加速了许多不需要受众允许和受众成员合作就可以监测受众行为方式的发展，比如 Cookie、网络爬虫和服务器日志。”（南波利，2007：4）但这种方法也有很大局限性，所以互联网也同时运用那些需要用户合作参与的测量方法，如通过在用户硬盘驱动器上安装软件，监测用户行为。

不过，互联网的发展使用户开始主动参与“数据商品”的制造，这一转变意味着用户不仅仅是信息消费者、媒介使用者，也成为信息劳动者。

传统媒体受众是被动地接受第三方测量公司收集其媒介使用行为数据的，而网络用户则是主动为网络公司制造媒介使用行为数据的，无论用户是自愿还是非自愿，有意识还是无意识，这一转变，使网络用户积极参与到用户“数据商品”的制造过程中，这一过程在 Web2.0 时代对媒介资本创造价值而言显得尤为重要。

在 Web2.0 时代，数据价值挖掘的技术公司要更加精确地收集并分析数据，最终都要基于用户媒介使用行为创造的数据信息。用户的各种行为都变成数据信息被保存在各类媒介公司的数据库中，而数据信息具有使用价值和交换价值，也成为媒介公司吸引广告商投放广告的重要依据。譬如网站的用户，每次点击网页阅读信息等行为会制造一种“流量数据”，经过加工分析后就成为可以销售的“流量商品”（Traffic Commodity）（Couvering，2008：177－206），如果用户注册、登录时需要填写真实身份信息，还会产生更有价值的人口统计学数据，像 Facebook 就需要用户提供真实身份数据，这些数据产生后都属于“原材料”，这些“原材料”是后续制造“数据商品”的重要组成部分，用户的各种媒介使用行为成为制造“数据商品”的一个生产环节，“数据商品”中既凝结着数据挖掘工作者的劳动，更凝结着网络用户的劳动，两者缺一不可。

有学者初步分析了谷歌公司的三种商品形式——关键词（Keywords）、点击率（Ratings）、搜索结果（Search Results）（Lee，2011），这三种商品都是通过谷歌用户的各种行为产生的，这些行为产生的数据经过谷歌公司的技术分析加工成可销售的“数据商品”，用户的搜索劳动凝结在这三种“数据商品”之中，成为谷歌获得交换价值的重要手段，其中，用户劳动和谷歌公司员工劳动共同创造了这三种商品形式。

网络用户的劳动行为并非只存在于谷歌、百度等搜索引擎类媒体中，也广泛存在于网络媒介资本创造的网络环境中。《华尔街日报》曾对全美排名前50的网站进行测试，用户对这50家网站的访问占全美总页面访问量的40%。分析结果令人震惊，这50家网站在用户的机器上一共安装了3180个追踪文件。“这些追踪文件没有记录用户的名字，但是能够记录包括年龄、性别、种族、邮政编码、收入、婚姻状况、健康问题、近期消费以及所喜欢的电影、电视节目等有关用户的惊人细节信息。”（郑毅，2012：116）

用户的媒介使用行为本身对于媒介资本而言并非最重要的，媒介资本提供各类信息、各类网络平台供用户免费消费和使用，媒介资本并非只从用户的消费和媒介使用行为中获利，用户劳动行为制造的源源不断的数据才是媒介资本最感兴趣的。斯迈思在分析传统媒体中的电视媒介时就发现了这一媒介资本的动机，他把电视媒介提供的免费电视信息称作“免费午餐”，目的就是吸引受众，从而获取受众数据销售给广告商。网络时代延续了这种“免费午餐”模式，如免费新闻和购物网站、免费搜索服务、免费的Facebook社交服务等，免费网络的背后首先是吸引用户，从而为广告商建构消费者群体，其次是获取用户数据。从这一点来看，从传统媒体到网络媒体，媒介资本获利的方式有内在的延续性，而且传统媒体资本获取利润的方式到网络时代也有了全新的发展，用户参与制造的“数据商品”销售给广告商只是媒介资本获利方式之一，如果将研究视野拓展到大数据领域，“数据商品”的价值有更为广泛的用途。

单个网络用户的数据价值是微乎其微的，广泛的网络用户群集体性劳动制造的大数据才具有使用价值。虽然大数据没有准确的定义，但对大数据的研究却越来越受到重视。“网络大数据是指人、机、物三元世界在网络空间中彼此交互与融合所产生并在互联网上可获得的大数据，简称网络数据……网络大数据种类繁多，包括结构化数据、半结构化数据和非结构化数据。”（王元卓等，2013）有个词叫“数据废气”，通俗来讲，“它是用户在线交互的副产品，包括浏览了哪些页面、停留了多久、鼠标光标停留的位置、输入了什么信息等。许多公司因此对系统进行了设计，使自己能够得到数据废气并循环利用，以改善现有的服务或开发新服务”（迈尔-

舍恩伯格、库克耶，2013：146）。网络时代的用户劳动是一种集体性的知识劳动，Terranova（2000）称为“知识的集体化和社会化生产的结果”，而凯文·凯勒在《失控》中称为“蜂群思维”（Hive Mind），如亚马逊网站就通过用户制造的行为数据分析用户的购买行为，以改进生产和服务；Facebook 更是搭建了一个用户集体劳动的王国，每一个用户使用 Facebook 都为该社交媒体数据库贡献了一份数据，用户的社交行为本身成为这些数据的重要组成部分。“Facebook 将关系数据化——社交关系在过去一直被视作信息而存在，但从未被正式界定为数据，直到 Facebook‘社交图谱’的出现。”（迈尔 - 舍恩伯格、库克耶，2013：119）有学者就认为，“社交图谱”（Social Graph）这个术语描述的是“Facebook 通过人们之间的连接构成结构化的信息流”（Cohen，2008）。另外，Facebook 聪明之处还在于，懂得利用用户集体自主劳动创造价值，如 Facebook 让用户对上传的图片等信息添加标签，这种自主分类的用户集体劳动降低了媒介资本的劳动成本，而且用户自主创建的标签充分体现了用户的情感和喜好，这种方式在早期的网络论坛和社区中已出现，如网络论坛就让用户依据自己的兴趣类别进行社区划分，不同兴趣的用户自动组成一个小社群。这类用户自主分类的结构化数据无论是对广告商还是对媒体自身而言都非常有价值，这是一种用户情感的“数据化”和“商品化”。腾讯的微信平台在朋友圈投放广告已尝试了一段时间，虽然腾讯能依据用户注册微信时的信息了解用户的部分情感数据，成为精准投放广告的决策依据，但这与获得用户更为精确的情感数据还有一定距离，故而，微信朋友圈广告设置了一个用户选项，一旦用户对这则广告不感兴趣，可以点击“不感兴趣”选项屏蔽这则广告，表面上看，这是腾讯公司尊重用户个人自由选择的意愿，实际上，当用户点击“不感兴趣”屏蔽这则广告后，腾讯公司就能更真切地了解用户的情感，也能使获得的用户情感数据更精确，价值更高。

从以上分析可知，用户各种媒介使用行为制造了海量的数据这一“原材料”，用户是媒介资本价值链上的第一级劳动者，媒介公司和独立的数据价值挖掘公司则对这些“原材料”进行加工，制作成“数据商品”，或用于改进生产服务，或销售给广告商获利，这些公司的员工则是媒介资本价值链上的第二级劳动者，前者是非职业劳动者，是没有报酬的劳动者，后者则是职业劳动者，是有报酬的劳动者，这两类劳动共同创造了媒介资本价值。

“数据商品”是信息商品的一种，信息商品有“共享性”这一特点，这使得用户参与制造的“数据商品”使用价值能被重复挖掘，这也是信息商品不同于物质商品的一个重要特征。尤其是基于用户集体性劳动制造的“大数据”，其使用价值非常大，同一个媒介平台的“大数据”能被不同的公司用于不同的目的，过去的数据和当下的数据都有其各自不同的价值。对于媒介资本而言，这些数据的价值不只是通过销售给广告商获利，随着数据价值挖掘技术的发展，数据的用途就更为广泛了，包括政府公共决策、商业公司市场决策等，如谷歌公司将5000万条美国人最频繁检索的关于流感信息的特定词条进行数据分析，“在将得出的预测与2007年、2008年美国疾控中心记录的实际流感病例进行对比后，谷歌公司发现，他们的软件发现了45条检索词条的组合，将它们用于一个特定的数学模型后，他们的预测与官方数据的相关性高达97%”（迈尔-舍恩伯格、库克耶，2013：3）。媒介资本还可以通过强强合作一起利用用户制造的“大数据”，并加工成各类公司所需要的有价值的数据信息，共同创造更大的资本价值。当然，对于各自拥有的海量用户身份和行为数据，不同的公司开放程度不一，Facebook对自身平台用户数据具有较高的垄断性。

三　结语

在西方学者对受众和用户媒介使用行为与媒介资本价值关系的研究基础上，本文试图分析用户媒介使用行为与劳动之间的关联，继而提出用户劳动凝结在“数据商品”中的观点，媒介资本正是通过销售“数据商品”实现价值增长，这一观点证明了Web2.0时代用户劳动这一普遍现象，这种现象的出现源于后工业时代和后资本主义时代生产领域所发生的变化。

网络技术的发展使网络用户集信息消费者、媒介使用者和信息劳动者三种身份于一体成为可能。过去工业时代生产、分配、交换、消费这一在时间和空间上展开的单线模式在信息资本主义领域发生了显著变化，信息生产、信息传播、信息接收、信息消费的边界已经模糊，“围绕信息网络建立起的社会，消除了工作和家庭、劳动和休闲、经济价值和社会价值之间曾经清晰的界限”（莫斯可等，2009），这种过程体现在意大利自治主义马克思主义者的“社会工厂”（Social Factory）思想中，“社会工厂描述的是一个工作从工厂转移到社会的过程，也因此启动了一架真正复杂的机器”（Terranova，2000）。网络技术的发展压缩了时空，使过去的信息接收者、信息消费者同时也是信息生产者、信息传播者，这种身份的融合也模糊了过去“工作时间”和“休闲时间”的边界，作为信息消费者、媒介使用者的网络用户因此成为信息生产者和传播者，其信息的生产和传播在满足情感交流需求的同时，也为网络媒介资本源源不断地创造价值，网络用户成为实质上的劳动者，网络用户的“休闲时间”也因此变成信息资本主义发展过程中可资利用的“工作时间”，“在信息资本主义时代，知识成为生产力，但知识不只是在公司中以知识商品的形式创造，也在每日生活中创造”（Briziarelli，2014）。

网络用户劳动成果的非物质性特点使用户的关系和情感成为创造价值的劳动。哈特和奈格里的“非物质劳动”思想被许多研究网络用户劳动现象的学者沿用，这恰恰体现了这一思想对网络用户劳动行为的抽象与概括，他们把“非物质劳动”界定为“生产非物质产品，比如知识、信息、交流、关系或一种情感反应的劳动”（刘怀玉、陈培永，2009）。网络用户在网络上传播知识和信息，进行交流或情感表达，这成为许多社交媒体获取价值的劳动源泉，因为社交媒体成为媒介资本集中投资的一个重要领域，用户劳动制造的“数据”只是具有使用价值的“原材料”，要使这些“数据”经过加工变成可按照不同目的分类打包销售的“数据商品”，需要大量资本投资数据价值的挖掘技术，这一领域是强大的资本主导的领域，像 Facebook、Yahoo 等媒体公司拥有的数据分析技术并非那些小的媒介公司可比，不过，许多新兴的小型媒介公司一旦通过海量用户劳动创造出海量的数据，就掌握了使用价值，就可以吸引资本投资，这直接体现在小型媒介公司市场估值的快速增长，如美国社交新闻媒体 Reddit 几年时间估值就达到 5 亿美元。

网络用户不再只是各类广告企业希望接近的有价值的消费者，更是可以源源不断制造“数据金矿”的劳动者，这些用户每日制造的“数据”具有非常大的使用价值，市场资本的介入就是为了将这些使用价值不断地转换为交换价值，使其成为利润增长的源泉。

这种转变，是工业时代资本主义商业逻辑在Web2.0这一新型网络环境下的延续和发展，本质上是媒介资本巨头借助网络技术将劳动场所从工厂转移到社会的过程，继而将网络用户的行为、情感和社会关系数据化、商品化，从而实现价值增长。

参考文献

[1] 刘怀玉、陈培永，2009，《从非物质劳动到生命政治——自治主义马克思主义大众政治主体的建构》，《马克思主义与现实》第2期。

[2]〔英〕迈尔-舍恩伯格，维克托、〔英〕库克耶，2013，《大数据时代：生活、工作与思维的大变革》，盛杨燕、周涛译，浙江人民出版社。

[3]〔加〕莫斯可，文森特、曹晋、杨保达，2009，《信息社会的社会理论与知识劳工》，《新闻大学》第1期。

[4]〔美〕南波利，菲利普·M.，2007，《受众经济学：传媒机构与受众市场》，陈积银译，清华大学出版社。

[5]〔美〕托夫勒，阿尔温，1984，《第三次浪潮》，朱志焱等译，生活·读书·新知三联书店。

[6] 王元卓、靳小龙、程学旗，2013，《网络大数据：现状与展望》，《计算机学报》第6期。

[7] 郑毅，2012，《证析——大数据与基于证据的决策》，华夏出版社。

[8] Briziarelli, Marco. 2014. "The Ideological Reproduction: (Free) Labouring and (Social) Working within Digital Landscapes." *TripleC* 12 (2): 620-631.

[9] Bruns, Axel. 2006. "Towards Produsage: Futures for User-Led Content Production." *In Proceedings Cultural Attitudes towards Communication and Technology*, edited by Fay Sudweeks, Herbert Hrachovec and Charles Ess. Perth: Murdoch University.

[10] Cohen, N. S. 2008. "The Valorization of Surveillance: Towards a Political Economy of Facebook." *Democratic Communiqué* 22 (1): 5-22.

[11] Couvering, Van E. 2008. "The History of the Internet Search Engine: Navigational Media and the Traffic Commodity." In *Web Search: Multidisciplinary Perspectives*, edited by Amanda Spink. Springer Berlin Heidelberg.

[12] Fuchs, C. 2012. "Dallas Smythe Today—The Audience Commodity, the Digital Labour Debate, Marxist Political Economy and Critical Theory, Prolegomena to a Digital Labour Theory of Value." *TripleC*10 (2): 692-740.

[13] Lee, Micky. 2011. "Google Ads and the Blindspot Debate." *Media, Culture* & Society 33 (3): 437 - 447.

[14] *O'Reilly, Tim.* 2007. "*What is Web* 2. 0: *Design Patterns and Business Models for the Next Generation of Software.*" Communications & Strategies 65.

[15] *Shimpach, S.* 2005. "*Working Watching: The Creative and Cultural Labor of the Media Audience.*" Social Semiotics 15 (3): 343 - 360.

[16] *Smythe, D. W.* 1977. "*Communicatons: Blindspot of Western Marxism.*" Canadian Journal of Political and Social Theory 3: 1 - 27.

[17] *Terranova, T.* 2000. "*Free Labor: Producing Culture for the Digital Economy.*" Social Text 18 (2): 33 - 58.

新闻实务

程序化：新闻舆论传播的科学保障

赵振宇*

摘　要： 人们的一切努力和奋斗都在寻求一种程序，一种适应自然、社会和人的思维运动的程序；一切成功者都在不断地克服来自自身和外部的干扰或破坏，调适各种程序，使系统运动趋于一种整体上的和谐完美。在依法治国的进程中，着重加强制度建设，特别是程序化的建设，是当今时代建设和谐社会、实现中国梦的一个新课题、一项新任务。对于新闻舆论传播和新闻宣传来说也是如此。

关键词： 程序化　新闻舆论传播　舆论监督

1986 年 7 月 31 日，万里讲道："利用现代科学技术手段，采用民主和科学的方法，把决策变成集思广益的、有科学依据的、有制度保证的过程，从而实现决策的民主化、科学化和制度化，以加快我国的现代化建设。"我从那个时候开始意识到，仅有决策的科学化还是不够的，还必须有科学的程序予以保障。1995 年 10 月 23 日，《科技日报》理论版发表了我撰写的《也要重视程序科学化》，被评为当年全国新闻理论宣传一等奖。我从那个时候开始至今研究程序理论已有二三十年的历史了。

20 世纪 80 年代，武汉市委、市政府就在全国率先提出"三不决策"，即不认真调查研究不决策，不经过专家论证不决策，不制订两个以上的可

---

* 赵振宇，华中科技大学新闻与信息传播学院教授、博士生导师，中央马克思主义理论研究和建设工程首席专家，国务院政府特殊津贴专家，兼任湖北省新闻舆论传播法学会副会长、武汉市社会学会副会长，曾任华中科技大学新闻系主任、华中科技大学新闻评论研究中心主任、武汉市人民政府参事。

行性方案不决策。2004 年 1 月，武汉市人民政府在向人民代表大会所作的政府工作报告中采纳了我的意见。报告在谈到建立和完善政府决策制度时，在强调“重大问题做到情况不明不决策，未经专家论证不决策，没进行民主讨论不决策”后专门加上一条：“不符合法定程序不决策。”2004 年 6 月，《人民日报》发表《决策与程序》一文，对此做法进行了介绍和肯定。2003 年，我撰写的《程序化：有效管理的首要前提》一文受到俞正声肯定；《从程序设置看过程和结果》长篇演讲报告在《文汇报》发表后，受到上海市委宣传部领导的重视，要求有关部门组织学习。2005 年，我主持国家社科基金课题“政治文明进程中的程序化建设研究”。2008 年，我出版《程序的监督与监督的程序》一书。先后在香港中文大学、中国浦东干部学院、湖北省图书馆、华中科技大学党委中心学习组、武汉市人民政府参事室、武汉市委宣传部、湖北省人大机关等单位演讲。在《人民日报》《光明日报》《文汇报》《学习时报》《国家行政学院学报》《河北学刊》《新闻与传播研究》《民主与科学》等报刊发表程序研究论文，在《长江日报》《宁波日报》开辟专栏发表系列评论。

一　程序设置在社会进程中的重要作用

程序，所谓程，讲的是制度、规章、法式；所谓序，讲的是按等次、位次区分的位置或运动的次序。程序是指事物和人依照某种自然法则或行为准则、次序而进行的运动过程。程序包含时间和空间。程序一词有两用，作名词时，讲的是事物运动守则和排列顺序，表现为一种相对静止状态；作动词时，讲的是为达到某种状态而进行的运动过程。这种过程因不同的要求而有不同的程序，比如按时间的先后（如先来后到）或按年龄的大小（如尊老爱幼）或按紧急的程度（如轻重缓急）或按数量的要求（如是多是少）等依次排列的工作或运动步骤。下面仅回顾 21 世纪以来党和政府提出、建设、加强和推进程序化的发展历程。

2002 年 11 月 8 日，党的十六大报告第一次使用“建设社会主义政治文明”的提法，并特别强调“要着重加强制度建设，实现社会主义民主政治的制度化、规范化和程序化”。而在党的十五大报告中论及这一问题时的提法是“逐步实现社会主义民主的制度化、法律化”。党的十六大报告将“法律化”改为“规范化”，使中国的民主政治建设更加具有广泛性。而“程序化”的增加，则说明党在民主政治的建设中，不仅注重结果，更关注运动的过程，而且，只有关注过程的科学性，才能保证结果的科学性。

2007年10月15日，党的十七大报告重申了“推进社会主义民主政治制度化、规范化、程序化，为党和国家长治久安提供政治和法律制度保障……保障人民的知情权、参与权、表达权、监督权。支持人民代表大会依法履行职能，善于使党的主张通过法定程序成为国家意志……把政治协商纳入决策程序，完善民主监督机制，提高参政议政实效”。

2012年11月8日，党的十八大报告在谈到全面建成小康社会时特别强调：“加快推进社会主义民主政治制度化、规范化、程序化，从各层次各领域扩大公民有序政治参与，实现国家各项工作法治化。”

2014年10月23日，《中共中央关于全面推进依法治国若干重大问题的决定》（以下简称《决定》）有多处提到“程序”。在“一、坚持走中国特色社会主义法治道路，建设中国特色社会主义法治体系”中，《决定》提出：“善于使党的主张通过法定程序成为国家意志，善于使党组织推荐的人选通过法定程序成为国家政权机关的领导人员，善于通过国家政权机关实施党对国家和社会的领导，善于运用民主集中制原则维护中央权威、维护全党全国团结统一。”在“二、完善以宪法为核心的中国特色社会主义法律体系，加强宪法实施”中，《决定》第一次提出：“制度化、规范化、程序化是社会主义民主政治的根本保障。”在“七、加强和改进党对全面推进依法治国的领导”中，《决定》提出：“健全党领导依法治国的制度和工作机制，完善保证党确定依法治国方针政策和决策部署的工作机制和程序。”

2017年10月18日，党的十九大报告指出：“要长期坚持、不断发展我国社会主义民主政治，积极稳妥推进政治体制改革，推进社会主义民主政治制度化、规范化、程序化，保证人民依法通过各种途径和形式管理国家事务，管理经济文化事业，管理社会事务，巩固和发展生动活泼、安定团结的政治局面。”在十八大提出“民主选举、民主决策、民主管理、民主监督”的基础上增加了“民主协商”的内容，并强调：“加强协商民主制度建设，形成完整的制度程序和参与实践，保证人民在日常政治生活中有广泛持续深入参与的权利。”

坚持和发展中国特色社会主义，统筹推进“五位一体”总体布局和协调推进“四个全面”战略布局，实现“两个一百年”奋斗目标、实现中华民族伟大复兴的中国梦，是摆在全党上下、全国人民面前的宏伟蓝图和艰巨任务。作为社会主义民主政治的根本保障，加强和推进程序化建设，具有特别重要的意义。

著名学者徐勇在我的专著《程序的监督与监督的程序》的序言中对此做过很精当的阐述，他指出：“程序问题研究在我国既是一个薄弱环节，又有相当的难度。难度之一是我国长期以来缺乏精细化的政治思维，政治往往与运动联系在一起，政治思维也是粗线条的。难度之二是我国的政治文明建设还处于初级阶段，还未提供充分的实践基础。而政治程序的设置则需要精细化思维和相当的实践基础，才能保证研究成果的科学性和有效性。”[1]没有程序的正义，就无法保证结果的正义和科学。中国正处于社会转型期，社会转型不仅是经济转型，还包括政治领域和社会领域的制度转型。而制度转型是其他领域成功转型的基本保证。深化政治体制改革，必须坚持正确的政治方向，以保证人民当家作主为根本，以增强党和国家活力、调动人民积极性为目标。只有这样，我们才能不断扩大社会主义民主，建设社会主义法治国家，发展社会主义制度文明，实现社会主义民主政治的程序化，为党和国家长治久安提供制度性保障。

第一，加强程序化建设，促进社会主义民主政治。民主政治包括两个方面的内容：一是国家形态的民主，即民主的国体和政体，这是民主政治的基本内容，是确立民主政治性质以及在既定民主政治背景下，保证民主政治良性运行的前提；二是非国家形态的民主，即保证国家形态民主得以实现的具体机构、组织和行为规范。前者是实体民主，后者是程序民主。实体民主强调的是民主的目标、内容、主体与价值，而程序民主强调的是民主的规则、机制与程序。实体民主体现的是价值理性的诉求，而程序民主体现的是工具理性的诉求。实体民主是程序民主的基础，而程序民主是实体民主的保障。因此，可以说，民主制度的程序化是现代社会政治发展的客观要求，也是现代民主的一个基本特征。社会主义政治文明的核心在于人民当家作主，使人民真正参与到国家的管理中来，使构成社会的绝大多数人的意志上升为国家意志。而人人直接参与不具备现实可能性，因此保障人民的选举权、知情（信息公开）权、表达权、监督权、决策权，通过一定程序使人民群众参与到公共事务的管理和决策中来，对于民主政治建设至关重要。而多数人的意志要上升为国家意志必须通过法定程序，才能得到表现和承认；如果决策和选择出现失误，也只能通过预定的程序加以纠正。

第二，加强程序化建设，保障公民权利。中华人民共和国成立以来，尤其是改革开放40年来，中国民主政治建设取得的进步有目共睹。但是中国的民主政治建设更注重实体民主建设，而对程序民主建设重视不够。这就造成中国的实体民主在实际执行中，有些国家政策和决策不能很好地体现人民意志。比如，由于公民对公务员的信息不知情，对公共事务不知情，公民无法对公共事务作出恰当准确的判断，无法对公务人员及政策制定和执行进行积极有效的监督。政府作为独立于公民社会的社会实体，本应该负有对公民公开政府信息的义务，但是，在目前的体制下，公民知情权的实现机制不健全。加强政府行为的程序化建设，可以保证政府信息公开畅通便捷，使公民的知情权得到保障。

第三，加强程序化建设，提高管理效益。设置程序的目的，一方面是要保证民主政治的科学性；另一方面就是要降低民主管理过程的损耗，提高管理效率。程序的设置是为了保证系统科学高效运转，排除一切人为因素的非法干扰，能给人们提供一种快捷、便利、低投入、高产出的运行模式。加强程序化建设，可以促进和保障政府的“透明、高效、廉洁”。而只有在这个前提下，才能真正实现权力在公众监督下运行，法律规范约束政府行为，才能防止公务人员的懒政、不作为和腐败。

第四，加强程序建设，保证民主政治过程科学。民主的重要特征就是按程序办事。程序化是中国民主政治建设的题中应有之义，“对程序的重视程度，标志着一个国家的法治文明的程度”[2]。由于程序的不科学或人们不按科学的程序办事而带来损失和造成不好影响的情况，在我们的政治、经济、文化生活中时有发生。而且，如果程序设计得不科学，越是参与性强、透明度高，其造成的不良影响面就越广；如果程序安排得不科学，越是动用了法治的力量，越有强制性的害处，因为不科学行为可以在法治的保护下大摇大摆地将人们引入歧途。

二　新闻舆论传播中的非程序化表现

随着民主政治的进步和发展，越来越多的政府部门开始使用媒体征求民主意见，这是一个进步。但是，有些部门在其组织行动的开始和过程中，却忘记了采用科学程序或有意回避程序，违背了征求民主意见的根本宗旨。

2010 年 8 月 13 日《湖北日报》和《长江日报》，分别刊登了武汉市东湖国家自主创新示范区为“高新大道城市设计方案”征求市民意见的整版广告。广告中除了整体城市规划图外，还有较为详细的规划说明：“高新大道是雄楚大道向东的延长线，西起民族大道，东至外环线，长约 15 公里。该道路是连接湖北‘1 +8 城市圈’的大动脉之一，它直接实现了东湖国家自主创新示范区与葛店经济开发区、鄂州市的对接……本次城市设计范围：高新大道南北两侧纵深约 200 米的区域，总用地面积约为 1000 公顷。城市设计的重点为光谷大道至外环线两侧未建成段。设计方案拟依托高新大道和北侧九峰山溪优美的自然景观，结合科技、行政、商务、休闲等功能，将高新大道两侧设计成一条高楼鳞次栉比，山水穿梭其间，生态环境和谐，科技韵味十足，现代气息浓烈的科技走廊……本设计方案将作为未来高新大道规划建设依据，后期招商、土地出让、规划、建设均将遵从该设计方案。”

征求市民意见时间为 7 日，广告上还有联系电话。为了了解市民意见反馈情况，我在第 7 日拨打了电话。一位女士很有礼貌地告诉我，截至公示日还没有市民反映意见。“那怎么办呢?”“我们还不是要听专家的意见!”

政府将标志性建筑的规划方案公布于众，征求广大市民的意见，在此基础上再予以修改和完善。从广泛听取意见和调动广大市民热爱、关心、建设自己家园积极性的角度来说这是不错的，但是，如果以此作为决策的最后根据却是不妥当的。因为，标志性建筑的建设和开发问题，是一个复杂的系统工程。它不仅仅涉及哪个方案模型好看的问题，还涉及建设中的技术问题，开发中的可持续发展问题，材料的运用问题，旅游中的环境保护问题，该建筑与周边环境的关系和在整个城市社会经济中的作用问题，等等。所有这一切包含着十分复杂的科学成分。对此要做出较为理想的选择，最终只能依靠懂得这些知识的多门类科学家，不是一个而是一批这样的科学家。市民们参与评选只是一种意愿的表达，而且这种意愿更多的只是从模型的外观出发。如果以此为据显然是不够的。

2014 年 8 月 27 日，《长江日报》一版发布消息："什么主题口号和 LOGO 最能代表武汉形象？经前期遴选，武汉城市形象口号、LOGO 各推 3 件候选设计方案，今起征求社会意见……据介绍，这 3 条口号和 3 个 LOGO，是经社会征集、专业机构设计、专家论证等阶段，从 500 多条口号推荐条目和 1000 多个 LOGO 设计方案中选出。请广大市民和网民朋友，按照契合'敢为人先　追求卓越'的武汉精神，延续城市历史之根和演变脉络，反映当前武汉城市追求和抱负，展示未来城市发展愿景的总体原则，根据简单、明了、新颖、美观的要求，选出最符合武汉形象的城市口号和 LOGO。"

主题口号有三个候选条目："1. 武汉，每天不一样！2. 大武汉，每天不一样！3. 大江　大湖　大武汉。"每个口号下面都有一段文字对这个口号进行介绍。

形象标识候选方案也有三个：一号作品、二号作品、三号作品。每个作品下面也有一段介绍文字。

从候选作品的产生过程来看像是公开、公平、公正的，自然也是科学的。但是在最后征求民意的关键时刻，刊登这些候选作品的版面位置上的程序却不严谨："口号 1"和"一号作品"怎么产生的，没有交代；根据什么原则将"口号 1"和"一号作品"放在同类候选作品的第一的位置，没有交代。报纸的版面是有讲究的，自然读者也会领会，有的投票选中了还会有一定的奖励，于是，处于报纸版面一号位置的"口号 1"和"一号作品"就这样被"选"中了。2014 年 9 月 16 日，《长江日报》在一版发布结果：口号 1"武汉，每天不一样！"当选武汉形象口号，一号作品当选武汉标识。

一个国家、一个地区的重大事务，当然需要更多的人参与，集思广益，择善而从总是好事情。但是，管理事务是需要分层次的、分专业的。好多事情并不是凭人多士气高就能办好的，如关于卫星上天、航母下海、西部开发、南水北调等这样的事情恐怕只能依靠各方面的专家反复研究比较，政府才能最终拍板。而对老百姓熟悉的类似就业、医疗、住房、物业管理、养老保险、社会治安等方面的问题，认真听听他们的意见，或许更有成效。

当前影响公民参与效果的主要因素有以下几点。(1) 社会环境。它包括教育、职业、收入、年龄、性别、种族、宗教、社会的流动性及居住条件。一般认为，政治参与率较高的是以下几类人：受教育程度较高、收入较高的中年男性，定居者和都市居民，种族、宗教及自愿组成团体的主要成员。(2) 心理因素。它包括对权利、功名和地位的需求及社会政治责任感等。这些受家庭、同事及社会政治文化的影响，并同个人的性格特点有密切关系。有学者所做的抽样调查表明，个性刻板、神经衰弱、狂躁的人参与意识较低；缺乏自信心、情绪悲观的人对政治比较冷漠。(3) 政治系统。公民政治参与的程度，在一定意义上取决于现实的政治系统是否提供了充分、有效、平等的参与形式和途径。政治系统的民主化程度越高，为公民提供的参与形式和途径就越多。[3]

党的十九大报告提出："加强协商民主制度建设，形成完整的制度程序和参与实践，保证人民在日常政治生活中有广泛持续深入参与的权利。"保障公民参与管理国家事务，要把握好两个关键词，"依法"和"有序"。

"依法"说的是参与者的行为准则和规范，都要遵守国家和地方制定的相应法律和规定。人们在合法的前提下表达意愿、参与管理社会，有助于提高人们的法治观念和法律意识。同时，要求政府和行政机关，对一切法律文本都要通过通俗易懂的传播方式为大众所知晓所明白，自觉按法规办事。对公民的参与实践要做到赏罚分明，监督落实。奖励和惩罚是社会进行科学管理的有效杠杆，在这个过程中，不仅要求监督参与运动的结果，而且要求监督参与运动的过程，只有整个参与运动过程是合法的，才有可能保证其结果是积极有效的。

"有序"强调的是公民的一切参与都要以一定的程序办事，讲究行动的科学性。这种有序，一方面要求组织者依法行事；另一方面还要尊重参与者的意愿，在他们自愿的前提下行使参与权利。一切国家机关和有关部门，不得以任何强迫的方式逼迫公民或利用名利等非正常因素诱导公民参与对本机关或部门有利的活动，违心地表达自己的意愿，从而达到组织者的目的。公民参与管理国家事务是公民的权利和义务，它不仅仅是一种形式、一个过程，它同时也应该表现出一种结果。公民的参与，只有以能够让他们看得见的形式表现出来，才是真正的民主。也只有这样，才能最终保障和调动公民参与政务及一切社会活动的积极性。

一个开放的社会，一个民主的国家，其公民只有广泛地获取他想知道的一切信息，参与管理国家的一切事务（依照一定的法律和程序），公民的积极性和创造性才能充分地发挥出来。而一个能够充分激发活力的民族，才能步入世界民族之林，为人类做出更大的贡献。

三　设置科学、公开、合法的传播程序

1. 设置程序的科学原则

所谓科学原则，讲的是在程序的设置中必须符合事物发展的基本规律，反映事物的本质特征，有利于程序设置后的工作效率的提高，这是一个完整的考核体系。

程序设置的科学原则，就是要求程序的设置符合客观实际的规律。程序是内在规律的外部表现，它必须真实地反映内在规律的本质要求，只有这样，按此程序进行的组织活动才是有效的。事物发展的过程是十分复杂的，在这个过程中，程序的制定者必须把握程序设置的价值前提，依据目标要求找出其中的主要矛盾，根据总目标的要求制定相应的程序。

程序设置的科学原则，就是要求程序的设置有利于组织活动的开展和运行。作为一种手段的程序，它的设立绝不是为了做做样子给人看，而是有利于我们的事业发展。所以，检验一个程序是否科学，关键要看它是否符合程序设置的事实前提，是否真正有利于组织系统的高效运转。我们虽然设置了程序，这些程序也很规范，但执行起来很麻烦，且设置这种程序要很大的投入，从投入和产出的比率来看，效率很低。从科学的角度来说，这样的程序也是不适宜的。

程序设置的科学原则，就是要调动人们的积极性，最大限度地发挥人们的主观能动性。我们的一切工作，一切工作程序的设立，最终目的都是调动人们的积极性，发挥其聪明才智。如果一种程序看起来很合理，但执行起来处处限制了人们的手脚，压制了人们的创造性，这样的程序也是不科学的。我们所设置的一切程序都要从有利于人的成长出发，要保障人的权利，保障人的尊严，促进人全面的可持续的发展。

2. 设置程序的公开原则

所谓公开原则，说的是系统的决策者要将运动过程的情况向公众开放，公众有权和方便了解系统的运动过程。程序公开与民主和正义是紧密联系在一起的，正如英国一句古老的谚语所说：“正义不但要被伸张，而且必须眼见着被伸张。”这也像列宁所言：“没有公开性而谈民主制是很可笑的……”[4]中国在民主化的改革进程中，不断推动政府决策、社会生活和新闻报道的公开化，越来越受到人们的欢迎。

“公开、公平、公正”是人们孜孜以求的民主权利，它体现在人们的政治生活、经济生活、文化生活和其他一切日常生活中。而“公开”，则是人们实现民主权利的首要前提。人们不仅要求公开结果，而且要求公开过程，即对实现结果的每个程序都需要有所了解。电视大奖赛就是公开了评奖程序，观众才知道选手唱的歌是新歌还是老歌，从中发现了一些问题向监审组提出疑问；正是因为有了领导干部提拔前的公示，提拔者才能广泛听取意见，对不合格者不予提拔，有的还要进行惩处；等等。所有这一切都有利于我们的社会系统正常运转。

程序公开化的积极意义表现在以下几个方面。

第一，程序公开化是对公民权利的一种维护和尊重。我们常讲要建立一个民主法治国家，它的一个重要含义就是公民有知情权，即对一些关乎国家大事的知晓，对影响自己生活（生活的内容是多方面的）的事件的了解。知情权是公民权利中的一项重要内容，一个“民可使由之，不可使知之”的国家是不能称为民主法治国家的。所以，程序公开化，从某种意义上来说是对人权的维护和尊重。除了那些涉及国家和集体机密、个人隐私和某些特殊的程序不能公开外，公民有权了解一切他们应该知道和希望知道的活动程序。

公民知情愈细愈广，表明我们国家的民主程度愈高，这是一件好事情。同时，知情是公民参与管理国家和大众事务的首要前提，只有知情了，才能参与管理、参与讨论，这是他们主人翁地位的充分体现。一项事务，只有大家都知道了，都来参与了，这项事务才能办得更好。公民的这种知情权和参与权有的是通过大众传媒直接实现的，有的则是通过人大代表或其他形式来代替行使的。不论哪一种，公民都不仅需要了解结果，还需要了解结果产生的过程。

第二，程序公开化有利于维护政府和组织的形象，维护社会的稳定。在政府建设进程中，有许多不确定的因素会影响政府的形象。一个良好的政府形象对于凝聚人心，调动民众的积极性是大有好处的。特别是对突发事件、危急事件的程序公开，既是一个成熟政府的有力表现，同时也有利于树立和维护政府的良好形象。

第三，程序公开化，可以接受社会和公民的监督。我们一切决策或活动程序的设立，都是为了使其更加科学有效。而程序公开了，大家知道了，就可以从不同的方面对其程序的正误和优劣提出建议或意见。这对于改进和完善决策或活动是大有好处的。尽管有的决策系统自己设立了纠偏程序，它可以在系统发生偏差时自动纠偏，但是，这种纠偏程序有时也会发生故障，就如火箭系统一样，除了设有自动纠偏程序外，还有特殊的人工的制动程序来处理火箭升空时发生的意外情况。程序公开了，大家会议论纷纷，这是一件好事情。畅所欲言总比万马齐喑好，接受监督总比一意孤行好，实现的前提就是程序公开化。

第四，程序公开化，可以防止因暗箱操作带来的消极作用。因为不公开，不仅使我们的决策得不到监督，而且会使某些人在暗箱操作中非法获得自己的好处，给人民的事业造成危害。程序公开以制度化的形式出现，可以将这种消极因素降到最低限度，防微杜渐，将一切违法乱纪行为消灭在萌芽状态，而不必等到最后，那样损失就大了。

第五，程序公开化，可以宣传大政方针，普及科学文化知识和让人们体验到法制的正义和崇高。随着人们对程序科学化的重视，程序在其中的作用越来越突出。而程序的设置，本身就是一个科学的过程——它反映了决策者和组织者的思想，它以一些必须的方针政策和科学文化知识为基础。对程序实行公开化，实际上就是将党和政府及决策者、组织者的方针政策告诉大家，使大众明白这个决策是如何作出来的，它的政策依据是什么。同时，程序又是一个科学的体系，将其公开，又可以让人们感受一次科学文化知识的教育。这一切，对于帮助大众领会决策是大有好处的。同时，程序公开也是对参与者的一种法治教育。例如，现在司法过程中推行的庭审公开、审判公开、证据公开、质证公开、抗辩公开、合议公开、判决公开等，就是为了让社会成员在参与司法活动中，不仅监督司法过程，纠其偏差，而且体会到个人必须服从法律程序的要求，体会到法律在伸张正义中的公平、公正的崇高意义。这种意义可以引申到我们的其他工作和活动中。

3. 设置程序的合法原则

所谓合法原则，是一切程序的设置都要符合和遵守国家的根本大法和有关法律，这些程序包括立法程序、执法程序和守法程序，同时，程序的运行也需要法律的保证。

国家管理和行政决策不仅要求科学，而且要求合法。这种合法性包括两方面内容。一是决策内容的合法，即一项决策是否在法律允许的权限范围内，是否违反法律的规定。二是决策程序的合法，即决策过程中是否履行了公示（广大公众评议或由他们的代表审议）、听证（允许利害关系人作合法性反对）、审查和批准程序。例如，地方政府对重大事项的决策，既应当向上级政府和中央政府报批，又应当向本级人大报告，由其讨论决定。有的还需交给广大民众讨论，听听他们的意见。但是，现在的状况是对上报告的多，报本级人大讨论的少，拿出来交给老百姓议论的就更少了。

加强法制建设是中国的一项重要任务，为了规范立法活动，健全国家立法制度，2000 年 3 月 15 日，经第九届全国人民代表大会第三次会议通过，颁布了《中华人民共和国立法法》。该法不仅确定了各项立法权限，还制定了立法程序，如全国人民代表大会立法程序和全国人民代表大会常务委员会立法程序，国务院依据宪法和法律制定行政法规及相关程序，各省区市依法制定的地方性法规、条例及决定程序，国务院各部委等机关制定的规章、决定、命令及相关程序，等等。该法的制定，从源头上避免了

"乱立法"及"争立法"、法制不统一、法规规章条款相互"打架"、部门和地方利益的不恰当保护等问题的发生，为中国实施依法治国方略打下了一个好的基础。

《中华人民共和国立法法》经过15年的实践，发挥了积极指导作用。但是，也存在一些相对滞后的问题，影响到中国依法治国的有效进行。2015年3月15日第十二届全国人民代表大会第三次会议通过了《全国人民代表大会关于修改〈中华人民共和国立法法〉的决定》。

其中，将第一条修改为："为了规范立法活动，健全国家立法制度，提高立法质量，完善中国特色社会主义法律体系，发挥立法的引领和推动作用，保障和发展社会主义民主，全面推进依法治国，建设社会主义法治国家，根据宪法，制定本法。"

将第五条修改为："立法应当体现人民的意志，发扬社会主义民主，坚持立法公开，保障人民通过多种途径参与立法活动。"

将第六条修改为："立法应当从实际出发，适应经济社会发展和全面深化改革的要求，科学合理地规定公民、法人和其他组织的权利与义务、国家机关的权力与责任。法律规范应当明确、具体，具有针对性和可执行性。"

《中华人民共和国立法法》从国家的性质、利益、提高工作效率出发，充分体现人民的意志，保障公民参与立法活动。该法应当成为我们制定一切相关法规的程序依据。

程序的合法原则有以下几点要求。

第一，有法可依，先立法后行动。我们的社会是一个逐渐步入法治的社会，不论是哪级政府和组织，即使是对人民大众有利的事，也必须依法行事。如果还没有相关的法律，就要先制定再行动，逐步使我们的一切工作都做到有法可依。

第二，一切可行法律和法规都要为大众所知晓。改革开放以来，我们国家制定了不少的法律和法规，但是，在不少地方和工作中还存在有法不依的情况。为什么呢？就是有关法律虽然已经制定，但还不为大众所知晓。所以，必须加强对已有法律和法规的宣传普及教育工作，包括对广大公民和领导机关、管理部门人员的教育，使大家都能知晓法律和法规，按法律和法规办事。

第三，违法必究，监督落实。从人治到法治是一个长期的过程。在这个过程中，既包括对依法办事者的肯定和鼓励，也包括对有法不依和亵渎法律者的批评和惩处。奖励和惩罚是一个社会进行科学管理的有效杠杆，我们的社会只有对那些违法者实施严格的管理，才可能保证大多数人的利益不受侵犯。在这个过程中，要充分发挥组织监督、民主监督和舆论监督的作用，特别是对领导机关和权力部门的监督。不仅要求监督运动的结果，而且要求监督运动的过程，只有运动程序是科学的，才有可能保证其结果是有效的。

从整个社会秩序的角度来看，风俗习惯、道德准则、规章制度和法律规范与人们的行为调节是密切相关的。在这几种调节形态中，法律规范是最为发达的形式。它是统治阶级的意志体现，它是有利于社会进步的重要工具，它是维护社会秩序的强制手段。法治精神应该体现在我们的一切工作之中。当前，各级领导部门、各级执法机关都在强调依法办事，其中一项重要内容就是办事程序、议事程序和决策程序的合法化。在我们强调决策科学化的同时，要特别强调决策的合法化，它将使我们的各个地区、各个单位、各个部门的工作搞得更好，因为，法律的强制性，能使科学的旗帜更高举起。[5]

四　建立和完善对舆论监督的程序设置

《决定》指出："强化对行政权力的制约和监督。加强党内监督、人大监督、民主监督、行政监督、司法监督、审计监督、社会监督、舆论监督制度建设，努力形成科学有效的权力运行制约和监督体系，增强监督合力和实效。"这里主要讲一下舆论监督的程序设置问题。

在网络媒体迅速发展和中国加入世界贸易组织形势下，新闻媒体扮演的角色发生着变化，话语权作为人权的一部分受到人们的重视。民主的舆论环境使民众的言语与心愿得到畅通的表达与实现，非民主舆论环境使民意表达不畅，同时影响社会结构中各要素的正常运作。加强舆论监督和舆论环境建设，保障公民依法有序参与管理国家事务，是中国民主政治建设中一项重要任务。

每个人都有说话的权利，在促进政治民主建设的进程中，建立和完善一个良好的舆论环境是十分重要的。

舆论监督是舆论环境建设中的一项重要内容。舆论监督在现代社会的民主进程中越来越发挥着重要的作用：一是可以事先预防，防止偏差，保证决策和行动的正确性；二是可以及时发现问题，及时纠正，把损失降到最低；三是可以通过舆论监督过程的交流与沟通，融洽监督者与被监督者之间的相互关系，有利于党和政府及管理部门的决策和行动的良性运作；四是舆论监督的过程也是一个公民接受教育、参与管理的过程。此外，它对于确保决策和管理的有效性、降低执行成本、反对滥用权力是极有帮助的。[6]

重视和加强对政府决策和领导人的舆论监督，使其在科学化、公开化和法治化的轨道上运行和完善，这是在新的形势下加强社会主义民主政治建设的一项重要任务。为达此目的，还必须高度重视对舆论监督程序的设置工作，建立和健全科学、有效、合法的舆论监督机制。这是一个问题的两个方面，不可偏废，不可疏忽。

舆论监督程序包括法律程序、道德程序、时间程序、空间程序、角色程序等。

1. 法律程序

法律是我们行为的准则，一旦制定就具备强制性，一切正常人都不得以任何借口违反，对于监督者来说也应如此。舆论监督必须在宪法和法律、法规允许的范围内进行；同时，舆论监督也必然受到法律的保护。

法律保障舆论监督的正当权利。首先，中国的有关新闻法规，规定了新闻体制，即新闻传媒的机构设置、隶属关系以及机构运行原则与方针，保障了舆论监督的实施机构的合法性。其次，中国的有关新闻法规，赋予了新闻传媒传播权，即新闻传媒具有知情权、采访权、写作权、修改权、终审权、发表权和实行稿酬制度。最后，法律保障了新闻记者和新闻传媒的合法权益不受侵害。

当前，舆论监督在法律程序上的不当表现是，不仅存在对上监督流于形式和对下监督“杀伤力”过大的问题，而且个别新闻媒介的舆论监督有时取行政和法律的功能而代之，表现出凌驾于其他社会机构和监督部门甚至法律机构之上的倾向，出现超越应有功能、不当干预，特别是影响司法操作的现象。

诚然，新闻舆论监督促进了一些久拖不决的民生问题得到解决，起到积极的作用；但是，有时出现的媒介主导现象不仅导致司法部门失去自己的独立判断和负责能力，而且助长了下层机构通过媒介信号揣测上级意图、唯上是从的不良社会风气。这种违反程序的操作，降低了新闻媒介的可信度，影响了新闻舆论传播和舆论监督的效果。对此，南振中先生提出，在社会主义市场经济条件下，尽快制定新闻舆论监督准则、新闻舆论监督条例和新闻舆论监督法。这一法规体系的形成，有助于改变新闻舆论监督的无序状态，使新闻舆论监督沿着规范化、法治化的轨道健康发展。[7]这些意见是值得我们高度重视的。

2. 道德程序

道德以社会舆论、信心、习惯、传统和教育的力量来调整人们之间以及人与自然、人与社会之间的相互关系。道德虽然不像法律那样对人们具有强制性，但它也是调整人们相互关系的一种行为规范。新闻舆论监督，除了遵循法律程序外，还必须遵循道德程序。

中华全国新闻工作者协会于 1991 年制定了中华人民共和国成立以来第一部《中国新闻工作者职业道德准则》，在 1994 年和 1997 年两次修订基础上，2009 年 11 月再次对其进行了修订。其主要内容包括：（1）全心全意为人民服务；（2）坚持正确舆论导向；（3）坚持新闻真实性原则；（4）发扬优良作风；（5）坚持改革创新；（6）遵纪守法；（7）促进国际新闻同行的交流与合作。

针对新闻工作中存在的职业道德问题，中共中央宣传部、中华全国新闻工作者协会等近年来开展了一系列加强职业道德教育活动，取得了积极进展。为了便于社会广大民众监督，中华全国新闻工作者协会还向社会发表了接受社会监督的公告，公布了举报电话和一些联系方式，接受广大民众的监督。

新闻工作者的职业道德教育，不仅要长期不懈地抓下去，而且要从大学的新闻系学生抓起，从一切想从事这项工作的“准记者们”抓起。要制定一系列确实可行的行为激励和约束机制，使新闻从业人员的道德程序落到实处。

3. 时间程序

时间程序指在新闻舆论传播中，新闻媒体对新闻事实的采访、报道的时效性问题。新闻报道首先要强调一个快字，只有迅速出击，才能在事件发生后到达事发现场，搜寻一切可能成为报道的素材，快速写作报道；同时，只有思维敏捷，才能在众多的事物表象或问题之中，发现新闻，对潜在的新闻素材进行挖掘，抓出好报道来。搞舆论监督也是这样。对存在的问题不能及时发现，发现了又不能及时报道，这样的舆论监督可能成为“马后炮”，失去了监督的意义，有的还可能造成或大或小的损失。所以，在舆论监督中，我们应提高对新闻的敏锐性，凡是能够迅速到达现场和能够迅速报道的舆论监督稿，都宜以最快的速度进行，不得延误。这是我们必须遵循的一个基本程序。

在舆论监督中，有时还会遇到下面几种情况：问题的确存在，但调查清楚它的来龙去脉需要一定时间，不可能及时采访和报道；问题的原因大致清楚，但处理这类问题需要协调各方面关系，有的还需要等待一些条件的成熟，不能及时采访和报道；问题重大，报道后会对受众产生重大影响，考虑到受众的心理承受力，需采用逐步深入报道的方式；等等。舆论监督的目的是促使问题的解决，是化解矛盾。所以，在舆论监督中，除了强调快速反应外，有时还需要采用延时报道的方式。延时并不是故意的无限制的拖延，那样也不利于问题解决，应根据事件发展的轻重缓急进行适时报道。

在时间程序中，强调“适时”是十分重要的。所谓“适时”，就是要把握一个度。该快则快，该慢则慢，一切从被监督的对象、问题、性质和有利全局出发。

4. 空间程序

空间程序说的是舆论监督传播的范围问题。在新闻报道中一般有两种情况：一种是公开报道，让大众广泛知晓；另一种是采用内部参阅的形式，仅送上级领导或有关部门阅读。

搞舆论监督，一般来说都希望用公开报道的形式，这样可以使被监督者的行为和过程公布于众。公开报道一般有利于问题的解决，对于一些腐败问题，还可以起到震慑邪恶、伸张正义、警戒大众的目的。正因为这样，一些有问题的领导或腐败分子才惧怕媒体曝光。新闻媒体能够利用公开报道的方式，揭露问题和腐败，促使问题的解决和对腐败的惩治，也是新闻工作者参与社会、为社会做贡献的一种表现，应该受到肯定和赞扬。

内部参阅是舆论监督中的一种不可少的报道方式，应受到媒体和有关领导、部门的重视。在新闻单位，每年除了对公开发表的新闻作品予以评选奖励外，还召开有关内参的研究和评选会。从参评稿件中反映的问题来看，内参大致有以下几种类型。一是揭露型。它是内参最基本也是影响力最大的一种。此类有的揭露重大事件内幕、事实真相，有的揭露领导干部腐败丑行，有的揭露损害人民群众利益的恶性案件，等等。二是情况反映型。这类内参主要以反映信息，研究问题为主。三是批评建议型。这类内参在于发现问题、反映问题，提供解决问题的方法和思路，为领导决策服务。

公开报道和内部参阅是新闻媒体进行舆论监督的两种不可少的形式，要视具体报道对象和问题决定采用哪种形式。在新闻从业人员中要纠正一种倾向——只愿进行公开报道，不愿干内参工作。其实，内参的作用是十分巨大的，同时，在司法过程中它还受到某种程度的保护。当然，内参也要实事求是，也要按新闻规律办事。

5. 角色程序

角色程序说的是在舆论监督中，新闻记者在采访报道中的角色位置问题。人在社会中生活，因承担一定的社会责任而扮演着一定的社会角色。不同的社会角色，要求该角色有不同的社会表现，否则，便会发生角色冲突。

在当前的舆论监督中，记者（含评论员、编辑等）的角色错位大致表现在两个方面：一是超越法律的界限，以居高临下的姿态干预法律生活，在自己的采访报道中常有命令指挥司法部门如何行为的言辞；二是超越普通公民的界限，以为自己就是人民的代言人，在采访报道中常以自己的意见代表大众的意见，对公民中的不同意见特别是与自己相左的意见不予支持，甚至全部否定。新闻法学专家魏永征指出："人民并没有把自己的言论出版新闻自由等权利授予新闻媒介和新闻工作者。所谓‘记者是人民的代言人’的说法，是从道义上说的，不能说人民有了代言人，自己就不用说话了。新闻工作者是作为人民的一分子，与广大人民一起来行使这些权利的。新闻工作者的采访权、报道权、评论权、批评权和通信权、传播权等等，只是公民行使表达权和知情权的一种具体形式，是一种职业权利。”[8] 这些意见是十分重要和正确的。在现实生活中，记者角色的混乱和错位，不仅影响了其他角色者的意见表达，同时也使我们的舆论监督报道在某些情况下表现出一定程度上的不足，影响到舆论监督的效果。新闻工作者的采访权、报道权、评论权，只是公民行使表达权和知情权的一种具体形式，是一种职业权利。记者的一切采访、报道活动必须遵守这种角色的程序要求，不得有违。

参考文献

[1] 赵振宇：《程序的监督与监督的程序》，社会科学文献出版社，2008。

[2] 韩强：《程序民主论》，群众出版社，2002，第 33 页。

[3] 张伟：《刍议政治参与理论》，《学习时报》2005 年 4 月 25 日。

[4]《列宁全集》第 6 卷，人民出版社，2013，第 131 页。

[5] 赵振宇：《推进社会主义民主政治程序化》，《人民日报》2018 年 3 月 5 日。

[6] 赵振宇：《程序的监督与监督的程序》，社会科学文献出版社，2008，第 283 页。

[7] 南振中：《舆论监督的科学化与规范化》，《中国记者》2000 年第 1 期。

[8] 魏永征：《论采访权》，载展江主编《中国社会转型的守望者——新世纪新闻舆论监督的语境与实践》，中国海关出版社，2002，第 23 页。

也门报刊新闻写作的主要特征浅探

欧阳明　周慧文　向小薇*

摘　要： 也门位于阿拉伯半岛西南端，扼守红海入口，战略地位非常重要，又是中国当前实施的“一带一路”倡议的重要节点。在中国至今没有关于也门新闻写作系统的研究的背景下，本文主要采取文献研究法，获取一手的以阿拉伯文为主的研究材料，立足于发展新闻学，运用应用新闻学与基础写作学的理论论述也门主流报刊新闻写作的基本特征，通过倾向性、新闻真实性与采写的行业规范三个维度把握也门报刊新闻写作的基本特征，分析其基本特征形成的主要原因。

关键词： 新闻写作　也门　发展新闻学　“一带一路”

也门，位于伊斯兰文化发源地的西亚阿拉伯半岛西南，地扼连通苏伊士运河的红海入口，成为大西洋与印度洋之间航道的咽喉，位于西亚与东非之间交流的第一线，又是当前中国实施“一带一路”倡议的重要地理节点。也门的历史也不无独特，殖民时期因帝国主义入侵、控制红海入海口而分立的南、北也门在“二战”后各自独立，分别和美苏两大集团建立紧密联系，采取两种不同的社会制度与发展道路。1994 年，南、北也门之间经大规模的武装冲突后重归统一。不过，统一后的也门小邦林立，不久即爆发内战，南、北也门的旧怨延续，宗教内部逊尼派与什叶派之间矛盾不可调和，再加上域外大国势力的扰动，生灵涂炭，战火始终无法平息。也门的国情造就也门新闻业的一般性与特殊性，既具有发展中国家的普遍规律，又体现了也门的独特之处。相较于美、英、日、俄、韩等新闻业发达国家，中国关于发展中国

* 欧阳明，博士，华中科技大学新闻与信息传播学院教授、博士生导师，中国写作学会常务理事；周慧文，华中科技大学新闻与信息传播学院硕士研究生；向小薇，华中科技大学新闻与信息传播学院硕士研究生。

家新闻业的研究长期处于薄弱状态，更未见对其中的也门新闻业尤其是新闻写作有专门而较为系统的研究。因此，探讨也门报刊的新闻写作既有益于认识、把握广大的发展中国家新闻业的一般性，丰富发展新闻学，又有助于认识也门及其所处的阿拉伯世界的报刊及其新闻写作的特殊性，可在某种程度上填补中国关于域外新闻采写领域的科研空白。

把握也门新闻业的新闻写作，应以其最具代表性、影响力的主流传媒为中心，报刊在也门至今仍拥有强大的社会影响力，故本文通过也门近期主流报纸讨论也门的新闻写作活动。

纵观也门近年主要报刊的新闻报道，可以看出也门的新闻写作呈现如下主要特征。

也门主流报刊的新闻报道有政治立场，并由此预设、形成报道的整体倾向性。本文所说的新闻写作，指的是关于新闻事实进行及时报道的写作，而不是关于新闻评论的写作。也门主流报刊有三类，是也门现实与传统并作的结果。其一，是源自原北也门官方体系或成为而今执政当局所倚重的报刊。这类报刊一般社址在首都萨那（Sanáa），与统一后的也门当局关系密切，代表性的报刊是 1962 年创建的阿文《革命报》（*Al-Thawra*, الثورة）、2007 年创建的英文《也门邮报》（*Yemen Post*）。其中，《革命报》由革命出版公司（Al-Thawra Press & Publishing）出版，接受 1982 年建立的也门执政党“全国人民大会”（General People's Congress, لمؤتمر الشعبي العام）的领导；《也门邮报》系私营报纸，支持也门执政当局。其二，是源自原南也门官方体系的报刊。这类报刊的社址多在原南也门首都亚丁（Aden），南、北也门统一后受到明显冲击，但也门原有政治格局因复杂的国内外矛盾并未消失。其中，2015 年，处于也门北部的首都萨那，被源自什叶派并为伊朗所支持的胡塞武装控制。出生于阿比扬省的哈迪总统则依靠逊尼派执政，在这样的环境下他被迫选择将政权迁移至临时首都亚丁。而亚丁处于为逊尼派势力控制的南方。与此同时，原南也门势力借此迅速成长、扩张，向南方自治或恢复独立方向发展。其集中表现是 2017 年成立的追求南方自治或独立的也门南方过渡委员会（STC）所拥有的武装力量在 2018 年 1 月控制了亚丁地区。这一体系的代表性报刊是 1968 年创建的《十月十四日报》（*14 October*）。该报原系“民阵”，即 1978 年更名为“也门社会党”（Yemeni Socialist Party，الحزب الاشتراكي اليمني）的机关报，南、北也门统一后保留官方报纸身份，由十月十四日报业公司（14th October Foundation for Journalism，Printing and Publishing）出版。其三，是也门统一后新兴政治力量控制的传媒。南、北也门统一后，像其他阿拉伯国家一样转向传统，原来坚持左翼路线的政治力量变弱，左翼活动走向低潮。1990 年成立的保守的伊斯兰改革集团，在 1994 年内战后成为也门国内仅次于执政党“全国人民大会”的第二大政党。其代表是社址在首都萨那的政党周报《觉醒报》（*Al Sahwa*）。在也门传媒如此政治光谱的背景下，分属不同政治阵营的主流报刊进行新闻报道，必然难以摆脱政治预设，并根据自身的主体利益与新闻事实本身进行选题而设置议题，遴选新闻事实、背景材料并加以搭配，从而呈现一定的倾向性。2017 年 12 月 2 日，《革命报》所刊发的《特朗普取消访问英国》一文将关注的重点对准美国总统特朗普取消访英的原因：特朗普在个人社交网站上播放了一则视频。这篇报道关注英国领导人谴责特朗普在推特上转发视频的行为，认为特朗普此举是邪恶的种族主义行为。由此可见，这篇新闻报道的观点是同英国官方一致的。《革命报》支持也门执政当局，坚持统一后的也门主流社会的伊斯兰立场，这一次报道视角的择取足以反映该报的办报宗旨。2016 年 1 月 31 日，《也门邮报》所刊发的《人权观察组织称：胡塞势力阻碍重要物资进入塔伊兹》一文中多次强调人权观察组织和联合国认为胡塞武装的行为是“严重违反国际人道主义的”，秉持了一贯的反胡塞武装的立场进行新闻报道。胡塞武装来自也门北部什叶派大本营，受伊斯兰世界中以伊朗为首的什叶派力量支持，2012 年开始与同属什叶派背景的也门前总统萨利赫合作，但 2017 年底与昔日盟友萨利赫决裂并将其击毙。《也门邮报》是也门颇具影响的英文日报，支持也门当局，由曾在美国生活的记者阿里艾斯迈利出任主编，故此篇新闻报道立足于反对坚持什叶派立场的胡塞武装。2014 年 9 月 9 日《十月十四日报》（见图 1）的《加拿大尼克森公司的环境污染问题面临国际司法体系裁决》一文回避伊斯兰世界的内部派别之争，同日刊发的《塔伊兹国家青年储备节结束，支持落实对话成果》关注也门国内的族群对话与民族和解，立场温和。《十月十四日报》原系也门社会党的机关报，南、北也门统一后企业化，但仍为南部也门第一大报，彼时面临也门当局的高压，既注意维护南部也门利益，又在与萨那当局保持一定的距离的同时，放弃南、北也门统一前反萨那当局的政治立场。该报采取相对中立的政治立场进行新闻报道，是由报社本身的性质、地位、利益决定的。显然，也门报刊新闻写作的立场选取深受报社所处的社会环境与所依托的社会力量影响，不是单纯的写作技巧所能决定的。

عقد اجتماعاً استثنائياً للجنة الأمنية العليا

رئيس الجمهورية: لا يجوز ولا يمكن لجماعة الحوثي الاستمرار في التصعيد

الاستعداد الكامل والجاهزية لمواجهة كافة الاحتمالات

أمن العاصمة صنعاء هو أمن لليمن كله

14 أكتوبر

14 OCTOBER

قاعة الغدير

اليمن يطلع الأشقاء الكويتيين على آخر التطورات

الفيصل: السعودية مستاءة من التصعيدات الخطيرة لميليشيات الحوثي

باسندوة: واثقون من دعم أمريكا وروسيا لتجاوز الأوضاع الراهنة

"واتساب" على طول

مع خدمة "واتساب تجوال" في السعودية

图 1　2014 年 9 月 9 日在亚丁出版的也门《十月十四日报》头版

重视新闻真实性。新闻真实是新闻报道的生命线，是新闻传媒生存、发展的重要根据，也是通过新闻报道进行政治宣传的客观基础。也门主流报刊重视新闻真实性，主要有以下两个表现。一是注意交代信源，尤其是新闻信源，新闻报道中无一新闻事实没有出处。即便对需要保护的匿名信源，报道者也在新闻稿中予以提示，如前述 2016 年 1 月 31 日《也门邮报》关于胡塞武装的消息报道，交代其信源为“当地内部消息”，尽管信源未具体，但还是提供了新闻信源的类型。保护信源，关系到新闻传媒发展的持续能力，合乎由西方发达国家新闻界引领并为世界多数国家所认可的新闻工作职业伦理规范。二是新闻信源多为二手信源，很少来自新闻现场，但是新闻信源都有据可考，真实可信。前述 2017 年 12 月 2 日《革命报》关于美国总统特朗普新闻报道的信源，为英国右翼大报《每日电讯报》。记者的能力终究有限，不能确保受访者提供的信息准确无误，新闻现场耳闻目睹也不能完全排除有假象在兴风作浪。记者确保新闻真实性的关键在于记者不敢确保受访者所言没有虚假信息成分，不敢保证新闻现场耳闻目睹不掺假象，但记者可以确保新闻事实的信源是真实的，是有依据的，记者并未虚构。《革命报》等也门报刊的新闻报道，着重于通过信源以确保新闻报道的新闻真实性。不过，多二手信源，又说明也门大报记者奔赴新闻现场的能力不足，折射出也门新闻传媒采访力量的相对薄弱或采访能力的相对后置。

谋篇布局、遣词造句合乎新闻采写的业界规范。一是新闻稿大多简短有力，且报道迅速。二是讲求信息密度。例如，也门主流大报消息报道标题多用主谓句，重视动词的选用，句子的新闻动态鲜明。三是消息报道多采取倒金字塔结构，讲求开门见山，开篇报道新闻事实概要或新闻事实结局。总体来看，也门主流大报的新闻报道中规中矩，折射出其采编人员接受过在西方新闻业影响下的良好专业教育的背景。《塔伊兹国家青年储备节结束，支持落实对话成果》一文内容如下所示。

الوطني للشباب دعماً لتنفيذ مخرجات الحوار
تعز تختتم مهرجان الاصطفاف

塔伊兹国家青年储备节结束，支持落实对话成果

刊于也门《十月十四日报》2014 年 9 月 9 日　星期二

ألد الأخ إبراهيم الجبري منسق الأمانة العامة للحوار الوطني لإقليمي الجند وتهامة أن مهرجان الاصطفاف الوطني حقق الأهداف لاشتملاها عرض لالأنشطة الهادفة إلى دعم التوجهات الرامية لحشد اصطفافاً وطنياً دعماً لتنفيذ مخرجات الحوار الوطني الشامل ،

وأوضح الجبريّ إلى أن الأمانة العامة للحوار الوطني في ختام المهرجان الطلابي للاصطفاف الوطني جاء لدعم وتنفيذ مخرجات الحوار الوطني الشامل في مدينة تعز الذي أقيم على مسرح تفاعلي في شارع جمال وشارع 26 سبتمبر في قلاب فني ومبسط لتوعية الشباب بمخرجات الحوار، لافتاً إلى أن المهرجان اشتمل على فقرات عديدة آلامسرح التفاعلي والسلسلة البشرية لألثر من 500 ناشط ومواطنين والتي ألدوا من خلالها على التوعية والتمسك بمخرجات الحوار وأساسـ يات الحكم الفيدرالي وآيفية تنفيذها على الواقع للخروج بلاوطن من الأزمات التي يمر بها إلى المستقبل المنشود ،معبراً عن سعادته لاستكمال تنفيذ المهرجان بلاشكل المطلوب من خلال الحضور المتميز الذي احدث التفافاً شعبياً لمختلف شرائح المجتمع حول مخرجات الحوار الوطني ، مضيفاً إلى أن الأمانة العامة ستقيم العديد من الفعلايات القادمة آتشكيل قافلة شبابية ستنطلق من مختلف عواصم المحافظات وستعرض العديد من الفلاشات التوعوية والإعلامية الخاصة بمخرجات الحوار الوطني.

塔伊兹国家青年储备节结束，支持落实对话成果

士兵和蒂哈马全国对话总秘书处协调员易卜拉欣·贾布里确认，国家青年储备节节庆活动实现了既定的各项目标，包括开展旨在支持国家的民众动员活动，用以支持落实进行全面民族对话的谈判成果。贾布里指出，国家青年储备节期间，全国对话总秘书处支持和实施了塔伊兹市的全面民族对话活动。该对话活动在加玛尔街和九月二十六日街的互动舞台上分别举行，主办方以简单的艺术形式向到场的青年人介绍全面民族对话的结果。在互动舞台，有500多名社会活动家和公民到场。这些社会活动家和公民在现场强调了落实全面民族对话的必要性和也门联邦治理的基本原则，讨论了全面民族对话如何才能引领国家摆脱危机，迎接国家的未来美好理想。他补充说，总秘书处将评估即将举行的众多活动，计划采取一些措施，如组建一个由各省省会联合发起的青年车队，为推进落实全国民族对话成果提供思想指导和信息沟通上的帮助。

当然，也门新闻传媒的新闻报道在新闻写作上也存在明显的不足。一是不注意运用背景材料。新闻报道缺少背景材料，虽然有助于控制新闻稿篇幅以及与多媒体互补，但报道的说明、解释容易出现漏洞，内容晦涩，终不利于受众理解、接受新闻，还应以审时度势、适度提供背景材料为上。二是缺乏细节材料，新闻报道的生动性成为短板。新闻报道缺乏细节材料，往往和记者的采访不足相关。如果新闻传媒的记者人手不够或记者不能及时赶到新闻现场，记者就无法获得一手的翔实甚至形象的新闻事实材料。凭空虚构，是难以报道新闻事实的真实细节的。巧妇难为无米之炊，记者手中缺乏新闻细节材料，其新闻报道就很难做到具体、形象，生动性也就难以体现出来。三是文字的通俗性还有待于进一步提高。也门报刊新闻报道的句子长，多用复句；口语少，偏爱书面词汇；内容也大多较为抽象。新闻报道属于雅俗共赏的文化活动，只有善于使用大众化语言，报道内容才容易为各个文化层次的读者理解，与受众交流才能通畅，从而获得上佳的传播效果。

参考文献

[1] 林庆春、杨鲁萍:《也门》，社会科学文献出版社，2009。
[2] "Al-Thawra Celebrates Its Golden Jubilee," *Al – Thawra*, September 28 , 2012.
[3] Barak A. Salmoni, Bryce Loidolt and Madeleine Wells, *Regime and Periphery in Northern Yemen: The Huthi Phenomenon* (Rand Corporation, 2010), p. 332.
[4] "Forbes Releases Top 50 MENA Online Newspapers; Lebanon Fails to Make Top 10," *Jad Aoun*, October 28, 2010.
[5] "Freedom of the Press in Yemen," *Al Bab*, September 11, 2014.
[6] "Goss Community SSC Press Launches Color Expansion in Yemen," *Goss International*, December 20, 2010.
[7] "Government Raids Suhail TV Station and Newspaper," *Yemen Post*, May 26, 2011.
[8] Sheila Carapico, *Civil Society in Yemen: The Political Economy of Activism in Modern Arabia* (Cambridge University, 2007) .
[9] William A. Rugh, *Arab Mass Media: Newspapers, Radio, and Television in Arab Politics* (Greenwood Publishing Group, 2004), p. 106.
[10] "Yemen's New Media Scene: A Difficult Birth," *Asharq Al Awsat*, July 28, 2012.
[11] "14 October-Newspaper," *Get Local News*, February 16, 2014.

◇ 广告传播

基于技术的嵌入与操控

——原生广告的美学解读

张顺军*

摘　要：本文以技术要素为考察起点，对原生广告内生机制、表现特征进行美学解读和批判，从而得出三点基本结论：人媒合一催生了原生广告；嵌入是原生广告的美学基本特征；原生广告仍然未脱操控的本质。

关键词：原生广告　技术要素　营销美学　美学批判

“原生广告”（Native Advertising）最先由投资人 Fred Wilson 在 2012 年提出，但国内外学界和业界至今对其概念界定并没有形成一致的看法。Fred Wilson 认为，原生广告“是一种从网站和 App 用户体验出发的盈利模式，由广告内容所驱动，并整合了网站和 App 本身的可视化设计”[1]；Buzz Feed 的总裁 Steinberg 认为，原生广告的表现形式是多样的，看待的角度不同就会产生不一样的观点；当人们用内容赋予原生广告形式并冠以平台，就是一种原生广告；[2]喻国明认为，内容风格与页面一致，设计形式镶嵌在页面之中，同时符合用户原页面的行为习惯的广告，被称为“原生广告”；[3]舒咏平、陶薇则直言，原生广告概念是非科学的，但新媒体广告的原生性却可以成立。[4]本文无意在概念界定上进行辨析，但从上述概念界定中可以看出原生广告的主要构成要素有三：一是以互联网为基础；二是以用户为中心；三是形式、内容、设计等要与展示平台浑然一体，无违和感。而将这三大要素贯穿统一起来，无疑要靠互联网技术的发展与

* 张顺军，湖北大学新闻传播学院文化与传播方向博士，湖南科技大学人文学院新闻系教师。

支持。

在梳理原生广告相关研究文献时，笔者发现，其研究存在两个方面的疏漏：一是对原生广告兴起的原因少有深入探讨，尤其是对原生广告产生的技术要素有所忽略；二是多从单一的经营管理的视角来探讨原生广告，忽略了原生广告也是一种文化新形态的事实，从而导致对原生广告缺乏必要的文化批判和反思。基于此，本文将以技术要素为考察起点，对原生广告内生机制、表现特征进行美学解读和批判，以达到辩证认识原生广告的目的。

一　人媒合一：原生广告的内生机制

1. 人媒合一传播场景的形成

在人类信息交流历史中，大众媒介的出现无疑具有划时代的意义。因为它的出现极大改变了人们的信息获取方式：亲眼所见、亲耳所闻、亲身经历不再是接收信息的主要来源，甚至面对面的交流也比不上“一报在手，知晓天下”。大众媒介社会下，广告一方面成为媒介的真正“金主”，另一方面又成为人们既想拒绝又躲避不开的“无处不在”“无时不在”的事物。媒介和人于是开始以一种“躲猫猫”式的微妙关系而存在：媒介为了生存要吸引人，人为了信息要接受媒介；媒介为了吸引人而悄悄窥探人，人为了避免信息轰炸而本能躲避媒介。

在对媒介、人与社会的关系考察中，技术要素对三者关系的影响目前越来越被学者们认识和肯定。媒介环境学派理论就是代表之一。伊尼斯率先提出“媒介偏向论”，他将媒介分为或偏向空间或偏向时间的两种媒介，并认为“一种新媒介的长处，将导致一种新文明的产生”[5]；他的学生麦克卢汉则进一步推论，直接抛出“媒介即延伸”“媒介即讯息”的惊人言论，认为“媒介比内容更重要”；波兹曼进一步解释“媒介就是一种隐喻”，认为“不同媒介有不同的话语方式，会产生不同的文化”[6]。其论断无一不彰显着媒介因传播技术变迁而释放的“自主性力量”：媒介不仅是传播的载体，更是社会化的工具，其中蕴藏着形塑文化的潜能。

梅罗维茨从戈夫曼借用“戏剧论”提出的“情境论”中得到启示，

并将“情境论”与媒介分析相结合，指出电子媒介创造了新的社会场景意义。他认为：“情境就是信息系统，电子媒介能促成原来不同情境的合并：不同类型受众群的合并、促成了原先接受情境、顺序和群体的改变、将原来的私人情境并入公共情境。”[7]应该说，梅罗维茨首次明确提出媒介对社会场景的影响及媒介社会场景之下媒介、人与社会关系的变化。

随着移动互联网的发展，尤其是“场景五力”[8]（大数据、移动设备、社交媒体、传感器、定位系统）技术的发展，媒介更是创造出与传统媒体时代完全不一样的新的社会场景。尤其是当前智能手机的全面普及，不仅直接实现了报纸、广播、电视等传统媒体的大融合，推动了微博、微信等自媒体的兴盛，更将当前资讯传播方式变为以个人为中心的社交传播，形成所谓“无社交无新闻”的全新传播场景。

对这种新的社会场景，国内学者李沁将之称为“第三媒介时代”。单向传播的“第一媒介时代”是典型的人媒隔绝。人区分为传者和受众，媒介作为交流中介其实很难做到让传受之间实现真正的沟通，阅读、收听、观看占据主流形态。即使有所沟通，也大抵不过是施拉姆大众传播模式中的“推测性反馈”而已。在互动传播的“第二媒介时代”，交互与人际传播占据主流，无疑开始了“去中心化”，但与“去媒介化”尚有距离。在沉浸传播的“第三媒介时代”，才真正做到“去媒介化”和“去中心化”，从而实现了人媒合一。其革命性的意义在于人不仅作为媒介的积极驾驭者，更作为媒介本体，进入核心舞台。人是终极媒介状态，是真正的超媒介，也是未来生物媒介的主体。[9]

在这样的传播场景之下，深度社交化应用已根本性地改变并重塑了日常媒介消费习惯，自然包括广告消费习惯在内。

2. 新的传播场景催生了原生广告新形态

传统媒体时代下，人们普遍认为，广告不过是推销商品或服务、诱导消费的营销伎俩。当人们在看电视的时候，突然插播广告，绝大多数人会选择换台，等广告播完后再转回来，或抽身去忙其他事，能够坚持看的寥寥无几。面对广告，受众大都会习惯性厌烦或产生抵触情绪，报以消极的心态。面对没有创意和价值的广告更是会本能启动屏蔽和防卫模式。由此便形成了广告学上所谓的浪费的那一半广告经费难题。① 然而，仔细审思这一广告学难题，本质还是传播致效问题，可以将之转换为“在什么时候通过什么样的媒介对什么样的人传递广告最有效”的发问。或者进一步说，当我们了解媒介背后的人，那所谓的传播致效问题自然迎刃而解。

波兹曼在《技术垄断》一书指出：每种技术既是恩赐又是包袱，不是非此即彼的结果，而是利弊同在的产物。[10] 在人媒合一时代，一方面，人的自主性和选择性空前解放，更是要将“去媒介化”“去中心化”进行到底，人们躲避和屏蔽广告变得更为轻松，这不仅直接宣告广告霸屏时代的结束，而且告诉我们，浪费的那一半广告经费难题依然存在；另一方面，技术其实为我们解决这一难题提供了可能。基于技术形成的人媒合一，固然赋予人最大的自主性，同时也可将人“透明化”，让人变得逃无可逃。

传感器、定位系统及社交媒体的普遍应用，极大地丰富了数据资源。人们在网络中有意或无意进行的“签到”“吐槽”“点赞”“打赏”“分享”等行为泄露了自己的位置、兴趣，甚至是其经济收入状况。网络智能中心实时捕捉、传递、存储和处理这些海量数据，以最合理方式分发和匹配个性化的信息内容与形式。

云计算技术的运用使大数据分析能力得到质的提升。数据挖掘过去因数据匮乏或数据过于庞大而难有作为的历史已一去不复返。相反，随着社交媒体、移动设备、大数据、传感器、定位系统等技术的结合，技术可以轻松地捕捉、理解、描绘出任何有关“你”的场景。

在人媒合一的传播新场景下，身处网络之中的人们都很难逃过“透明人”的宿命。黄升民、刘珊更是直言：“大数据……带来从量变到质变的颠覆性变革，大数据从媒体、消费者、广告与营销战略策划、效果评估四个层面影响传统营销体系，也给营销体系参与机构赋予了新力量的可能。”[11]

据此考察原生广告的基本理念和运作方式，说到底，原生广告只不过是以传统广告作为基石，凭借大数据所赋予的数据收集、分析和强大运算技术，再赋予精妙的创意及良好的用户体验整合而成。它的出现貌似无迹

---

① 这是广告界一个著名难题，长期困扰着广告人。由著名广告大师约翰·沃纳梅克提出：“我知道我的广告费有一半浪费了，但遗憾的是，我不知道是哪一半被浪费了。”

可寻，其实只是人媒合一传播生态下的衍生物罢了。

二　嵌入：原生广告的营销美学

1. 原生广告的美学基本体征

原生态的事物因为没有经过任何的加工，在心理上很容易让人感觉到放心、安全，让人产生亲近感，如当前原生态食物、原生态牛奶、原生态农庄就备受青睐。原生广告一词就源自“原生变现系统”（Native Monetization Systems），其本意是将广告巧妙融入整个原生传播场景，给人呈现原生态般自然、和谐的感觉，让人喜欢而不抵触，追求“随风潜入夜，润物细无声”的美感，并最终实现所谓的商业价值。

社会学上有个“嵌入”理论倒是与之有异曲同工之妙。社会嵌入理论的提出者格兰诺维特就认为：个人既不是“社会人”，也不是“经济人”，而是“嵌入”社会关系中的理性人，即个人虽然追求利益，但由于良好的人际关系可以给他带来长远的利益，个人会遵守人际交往的规范，以维持一个良好的人际关系。[12]从人与人、人与社会的关系的角度来看，“嵌入”描述的就是人与人、人与社会和谐相处的生活状态。

仔细考量“嵌入”概念，它应该有两层含义。一是“嵌入”强调交往双方主体的独立性。“嵌入”绝对不是依附。人与人之间关系应该基于尊重各自的主体性而展开。一旦形成人身依附关系，所谓良好的人际关系便难以为继。二是“嵌入”强调人际交往和人际关系的可持续性。“嵌入”的最终目的在于营造和谐的氛围，而这种和谐的氛围反过来又会推动良好的人际关系不断发展和延续。

相对传统广告而言，原生广告正好体现出这种独立性和可持续性，主要表现为两点。一是原生广告不再像过去那样依附于媒介。在传统媒体时代，广告虽是媒介内容的重要组成部分，但往往只被受众当作媒介的附生物。人们购买报纸或收看电视的第一目的绝不是看广告。摆脱这种依附性的典型例证便是原生广告本身也可成为内容。比如《火星情报局》等综艺节目中，剧情与广告高度融合在一起，往往让人大笑之余产生“看了个假综艺”的感觉。二是原生广告往往直接基于受众需求而创造，同时又基于受众兴趣而被主动传递和分享。社交传播既为广告主捕捉受众需求提供了便利，也为受众间裂变式的传递和分享提供了便利。只要满足和激发了受众需求和兴趣，原生广告的传播致效自然不在话下。故而，移植“嵌入”这一概念来描绘原生广告的美学基本特征是可行的。

2. 原生广告的美学手段

从原生广告的一般操作路线来看，则主要体现为以下三大美学手段。

第一，内容嵌入上强调有用、有趣。与传统广告理念不同，原生广告首先强调要回归信息的本原，体现广告的内容价值，而不再是一个单纯的产品推销。李光斗直言：“高质量的内容是原生广告的重要内涵，有用、有趣的内容是引起用户注意、吸引用户点击，促成分享与互动的主要驱动力。”[13]原生广告内容因包含人们生活需求信息而具备内容的价值性和稀缺性，才能悄然走进人们信息体验过程中去，广告往往是在被内容消解后才呈现给人们。这样，自然能巧妙实现多方受益的有机联动。

有道词典的 Banner 对于原生广告的运用便是一个典范。广告语与词典本身所附带的内容进行有秩序、有条理的编排后，再进行深度创意设计：稍稍把背景淡化，再将一张醒目的图片呈现于读者，同时附带的文字为用户阅读提供有价值的信息。这让人在阅读时很自然与其互动交流，从而提高阅读兴趣，增加广告信息，提高用户的记忆深度。在此体验过程中，用户因阅读兴致高，来个顺手转发，分享互动的积极性被不断激发。

第二，环境嵌入上强调融入、无违和感。传统广告把内容变成单纯的个体呈现给受众，往往会带有劝服性、推销式的意味，受众难免会产生抵触。原生广告则讲究融入媒体环境，即不破坏画面的和谐性，内容的植入不会破坏媒体页面视觉，不能刻意抢占受众注意力，更不能打断受众的注意力。因此原生广告更容易引起广告内容与人们在情感上的共鸣。

墨迹天气是国内一款免费天气信息查询、天气预报软件。它对原生广告的理解运作已经掌握得较为纯熟。墨迹天气在用户每天浏览天气预报的短短几分钟或者几十秒内，能够成功捕捉用户的注意力，非常不容易。每当天气变幻时，墨迹天气往往推出一个相应的动漫人物，在配备相应的品牌服饰的同时结合文字给人温馨的建议，这样不仅能让用户获取天气信息，而且还让用户觉得很有趣、很好玩，产生暖暖的贴心的感觉，让人不自觉给软件加分。墨迹天气在表现广告商品牌的同时建立良好的形象，又不让整个画面有违和感，给人自然、和谐的感觉。

第三，关系嵌入上强调赋权、分享。原生广告首先通过大数据技术挖掘受众人文情感的真正需求，从数据中预测受众未来某些需求的轨迹，为原生广告的制作提供准确的数据支撑。其次以受众需求为出发点，制作一个让受众愿意阅读并参与其中，既形成情感共鸣又与价值共存的广告内容。最后以精准的定位推送，把广告和信息送到受众的“枕头边”。在此过程中，受众不再简单地被推销，而是要与广告商互动沟通。在广告创意设计制作时，原生广告还会根据时代风向标适时加入某些具有趣味性的时代元素，以成功吸引人们的注意力。这样做，不仅自然消减人们对广告的抵触和反感的心理，而且还能提升人们阅读兴趣，促进人们分享快乐，进而每个人都能成为新的扩散点，形成裂变式的分享传播。

原生广告就这样从内容、环境、关系三个层面悄然嵌入人们的信息需求中，并实现了其独立的内容价值和商业价值。人们往往在阅读完原生广告的整个内容之后才恍然大悟：“它原来是广告啊！”它让人生发出“广告也可以做成新闻”“广告也可以做成投资资讯”“广告也可以做成美文”的感觉。那人们到底在阅读什么呢？或许在人们有些许疑惑时，所谓的创意营销大师们正手拿烟斗，得意地笑着。

三　隐蔽的操控：原生广告的美学批判

1. 西方批判学者对广告的一般性批判

在西方批判学者眼中，广告作为商品社会衍生物始终背负着洗不掉的“原罪”问题。他们通常将之归因于交换关系中的矛盾。在商品交换中，有两个难点：一是有质的差别，才有交换的意义；二是要等价。推动交易进行的一个解决方案就是引入货币，即交换价值，这使得所谓的交换价值独立出来。但货币既让交易变得方便，又会使其矛盾尖锐。交换本意是交换各自的使用价值，但事实上交换的是货币，即交换价值。

霍克海默和阿道尔诺（又译“阿多诺”）首先提出“文化工业”概念，并认为这是现代广告“原罪”的内生机制。他们在《启蒙辩证法：哲学断片》中明确指出："文化工业的技术，通过祛除社会劳动和社会系统这两种逻辑之间的区别，实现了标准化和大众生产。"[14]这种标准化和大众生产导致人们更加"单向度"，尽管个性化被空前放大，但在生产方式标准化的时代，个性只是一种表象，"不过是普遍性的权力为偶然发生的细节印上的标签……社会所依凭的每个人，都带上了社会的烙印：他们看似自由自在，实际上却是经济和社会机制的产品"[15]。

杰哈利在《广告符码：消费社会中的政治经济学和拜物现象》中借用马克思拜物教理论对广告进行了具体而细致的分析。事实上，"各种现代符号的神秘在消费中体现出来，却根源于工业生产的层层结构之中"[16]。由此，他一针见血地指出："只有在这种真实意义被从商品中，掏得干干净净的情况下，广告才能乘虚而入，以自己的意义填补空间。"[17]

商品美学批判家豪格则将广告理解为传播的美学和操控的美学，他认为，本质上看，广告更体现为操控的美学。"站在使用价值立场的一方，只要是处于交易之中，就会认为自己对使用价值的估值是明智的；而从交换价值的立场来看，这种使用价值中只是交换的诱饵而已。"[18]在商业化大生产之下，"商品的生产并不是以创造某种特定的使用价值为目标的，而是为了出售"[19]。由此，商品除了通过商品包装、销售场所等外，主要借助广告和大众媒体来表达美。这种美的内涵既要满足作为使用价值的美，又要满足交换价值实现过程中体现的美。然而这种美不过是根据大众的购买渴望而建立自身形象，且"这些形象之后会在广告中从商品分离出来而加以广泛传播"[20]，从而不断制造商品幻象，刺激"伪造的需求"。

2. 原生广告的美学批判

综观西方批判学者对广告的一般性批判，其理论源头可追溯到马克思拜物教理论，主要着眼广告的商品性，从广告的社会生产方式、操控手段及大众媒介平台三个方面进行了批判，且其理论主要是着眼于西方资本主义语境而立言的。因此，将之简单移植到中国现实语境中难免会出现"南橘北枳"的问题。那因新兴传播技术而产生的原生广告能摆脱这种"原罪"吗？答案显然是否定的。因为将之与传统媒体时代相比，就不难发现，原生广告不过是借助新的传播技术将其"操控之术"运用得更为巧妙而已。

首先，内容与广告非严格区分，其实受众更容易被诱导、被迷惑。原生广告通常有两种操作手法。一是把广告混进内容中，受众无法直接分辨出广告与内容。广告与内容的无法分辨，容易造成视觉上的错乱，从而被受众全部记忆，使得受众不知不觉被诱导、被迷惑。比如使用微信时，经常看见一些转发信息带着平台链接。受众在不知情中被诱导、被迷惑，被动地参与广告活动。新媒体时代，信息多且参差不齐，因不良信息造成不良社会影响的比比皆是。魏则西事件暴露出的百度竞价搜索广告的弊端，无疑是一个警示。二是把广告融入新闻事件，利用新闻方式输送广告。这样打破新闻与广告的界限，自然引发极大争议，也成为人们反对原生广告的直接理由之一。

其次，借助大数据技术，其实更能巧妙地利用信息不对称的优势。在原生广告的信息传播中，传受双方的信息不对称问题并没有得到根本性的改变。传播学上通常认为，广告就是一种宣传，而宣传就是一种有利于传者的信息传播。基于大数据分析制作的原生广告将源源不断的用户信息以某种方式流入广告操作过程，甚至出现把一些个人信息直接曝光在公众面前的情况。用户在广告体验中除了收获让自己欣喜的有用、有趣的信息外，还会发现自己在网络中已成为“透明人”。这其实是件让人细思恐极的事，如 Facebook 的 Sponsored Stories 未征求用户同意便将用户个人信息呈现于广告之中，用户的隐私被公开，结果自然遭到用户集体投诉，最后不得已只能在 2014 年初关闭 Sponsored Stories 所有服务。

最后，原生广告的高成本，其实最终还是要消费者来埋单。原生广告制作讲究量体裁衣，即信息的一对一的私人订制。既要按照广告主需求进行创意，注重内容价值，抓住社会生活热点，找到用户关注的信息切入点，又要对数据进行细致的筛选，保证广告能够捕获用户的注意力。原生广告的制作本质上要靠创意去支撑，这就需要引进大量的广告创意高端人才。另外，广告要根据不同媒介平台的媒体环境特点，对广告进行设计和优化，保证广告融入其中，以保证良好的阅读体验。广告主、受众、媒介平台三者的制约，无疑使原生广告的制作和运营消耗大量的时间、人力和物力。在这种一对一私人订制特点的限制下，原生广告不能大规模制作和传播，更无法如同传统广告一般实现规模化。这是一柄双刃剑，其高成本的最终埋单者还是消费者。

“信息之梦最初具有一种逃离的形象，但当它愈发强力地体现为一个可靠的寄居之所，它就愈发看上去不像是逃离，而是一个竞技场，在这里统治与操纵能够以新的方式进行角力。”[21]这段话虽说的是整个互联网的情况，于原生广告似乎也符合。

结　语

原生广告因技术变迁而导致的传播场景的深刻变化而产生。但作为一种网络文化新形态，原生广告不能被简单视为传统广告披上了网络的新衣裳。相反，原生广告呈现传统广告所不具备的复杂性。从营销美学的视角来看，原生广告的创新是可圈可点的；从美学批判的视角来看，原生广告仍然未脱操控的本质。因此，我们既不能仅仅对其简单赞赏，也不能对其简单否定。

另外，原生广告这种网络文化新形态同时也凸显和折射出当前传播场景下广告、公关、新闻的话语越界现实。当广告、公关、新闻混为一体时，对于人们来讲，所谓的真实还会存在吗？或者说，这将坐实了鲍德里亚的“超真实”之说，所谓的世界不过是媒介化世界。这恐怕就不只是简单的媒体管理“原生之困”[22]的问题了，其文化意义和文化影响仍需进一步观察和分析。

参考文献

[1]［2］转引自李德团、周嘉宁、肖夕鹃《原生广告的创意与反思——以凤凰网原生广告为个案》，《成都师范学院学报》2015 年第 8 期。

[3] 喻国明：《镶嵌、创意、内容：移动互联广告的三个关键词——以原生广告的操作路线为例》，《新闻与写作》2014 年第 3 期。

[4]［22］舒咏平、陶薇：《新媒体广告的“原生之困”与管理创新》，《现代传播》（中国传媒大学学报）2016 年第 3 期。

[5]〔加〕哈罗德·伊尼斯：《传播的偏向》，何道宽译，中国人民大学出版社，2003，

第 28 页。
[6]〔美〕尼尔·波兹曼:《娱乐至死》,章艳译,广西师范大学出版社,2004,第 10 页。
[7]〔美〕约书亚·梅罗维茨:《消失的地域:电子媒介对社会行为的影响》,肖志军译,清华大学出版社,2002,第 34 页。
[8]〔美〕罗伯特·斯考伯、〔美〕谢尔·伊斯雷尔:《即将到来的场景时代》,赵乾坤、周宝曜译,北京联合出版公司,2014,第 13 页。
[9] 李沁:《沉浸传播的形态特征研究》,《现代传播》(中国传媒大学学报)2013 年第 2 期。
[10]〔美〕尼尔·波兹曼:《技术垄断》,何道宽译,北京大学出版社,2007,第 2 页。
[11] 黄升民、刘珊:《“大数据”背景下营销体系的解构与重构》,《现代传播》(中国传媒大学学报)2012 年第 11 期。
[12] 吴义爽、汪玲:《论经济行为和社会结构的互嵌性——兼评格兰诺维特的嵌入性理论》,《社会科学战线》2010 年第 12 期。
[13] 李光斗:《原生广告:互联网时代的传播变异》,《金融博览》2014 年第 5 期。
[14][15]〔德〕马克斯·霍克海默、〔德〕西奥多·阿道尔诺:《启蒙辩证法:哲学断片》,上海世纪出版集团,渠敬东、曹卫东译,2006,第 108、140 页。
[16][17]〔美〕苏特·杰哈利:《广告符码:消费社会中的政治经济学和拜物现象》,马姗姗译,中国人民大学出版社,2004,第 60、153 页。
[18][19][20]〔德〕沃尔夫冈·弗里茨·豪格:《商品美学批判:关注高科技资本主义社会的商品美学》,董璐译,北京大学出版社,2013,第 11、12、21 页。
[21] 路璐:《新媒体语境下的国家形象传播话语博弈研究》,《南京社会科学》2016 年第 3 期。

"互联网+"时代热播剧创意中插广告的叙事重构及反思*

柴巧霞　虢晴天**

摘　要：互联网和新的传播技术不仅改变了传播媒介的形态，也改变了电视剧的媒介生态，并对电视剧中的插播广告也产生了巨大的影响。创意中插广告利用电视剧的人物、造型、道具、场景等相关元素，再造一个衍生短剧，在中断电视剧叙事的同时产生了新的叙事内容，然而这种叙事再造是碎片化的，叙事风格具有鲜明的互联网特征和后现代性。目前创意中插广告在热播剧中的频繁出现必须引起重视，由于缺少必要的规制，夸张的金融理财类广告、游戏类广告众多，容易引发市场的混乱。

关键词：互联网　热播剧　创意中插广告　叙事重构

互联网和新的传播技术不仅改变了传播媒介的形态，也对媒体的内容、形式产生了巨大的影响。这一影响也在悄然改变着电视剧的媒介生态，电视剧的剧情、叙事模式、推广方式等都在全面"互联网化"。2017 年的一系列台网联动的热播剧，如《那年花开月正圆》《白夜追凶》《春风十里不如你》中都悄然出现了一种新型的创意中插广告。不同于以往的广告，这些广告运用电视剧的人物、故事编讲了一个新的故事，并将广告诉求融入剧情之中，再造了一个

---

* 本文为国家社会科学基金青年项目"'互联网+'时代电视媒体的转型研究"（16CXW013），湖北大学研究生教育教学改革研究项目"新闻传播学科研究生跨学科人才培养模式研究"（520-150243）的阶段性成果。

** 柴巧霞，博士，湖北大学新闻传播学院副教授、硕士生导师；虢晴天，湖北大学 2017 级硕士研究生。

"剧中剧",形成了一个新的叙事内容和篇章,让人耳目一新。

一 引言

周建青认为,植入式广告也称置入式广告、植入式营销,是指将产品或品牌及其代表性的视觉符号甚至服务内容策略性地融入媒介内容之中,通过与场景的有机结合,让观众随着情节对产品及品牌留下印象,从而达到推广产品的目的(周建青,2014:125)。以往的广告植入主要有道具植入、台词植入、剧情植入、场景植入、音效植入、题材植入、文化植入等多种形态。而近两年的网络热播剧中出现的创意中插广告则完全不同,它既改变了电视剧的原始叙事节奏,讲述了一个新的"剧中剧",又融合了互联网时代内容传播的碎片化特征,将产品理念、特质、独特的消费主张等元素都包装在一个新的故事之中,具有一定的新意。

所谓的创意中插广告,是指在电视剧正片之外,每一集由剧中人物出演的一部30—45秒的广告情境短剧,短剧中的人物、场景、风格与正片剧情融为一体,创意十足、诙谐自然。创意中插广告的雏形来自《武林外传》中的小剧场,但是该小剧场并没有真正植入广告,2013年的《龙门镖局》中创意中插广告才真正展示了产品,2016年的《老九门》使这种广告形式走向大众,2017年则是创意中插广告的"全面开花"之年。通常来说,近两年网络视频中的创意中插广告一般由正片中的二、三线配角完成,少数短剧涉及剧中一线演员,如《白夜追凶》。2017年至少有16部热播剧中出现了创意中插广告,这种广告形式的受欢迎程度可想而知。

二 叙事的中断与延续

柯比认为,可以把叙事看作在讲述当前的一系列事件,以便形成一种有意义的序列——叙事的故事或情节(Kerby,1991:39)。奈杰尔·拉波特(Nigel Rapport)和乔安娜·奥弗林(Joanna Overing)认为,一项叙事包含一个有两个或多个信息单元构成的序列,一旦次序发生改变(涉及事件、思想意识状态、人物等),叙述的含义也就会随之发生变化,恰恰是这种次序将叙事和各种其他的传递与理解关于世界的信息方式区分开来，如“理论”的普遍抽象、“感受”的瞬间、“情感”的迸发、“修辞”在语义上的烘托、“典范”在根本上的稳固性等（拉波特、奥弗林，2013：266）。

一般而言，广告的出现都会打破电视剧原本的故事和情节，叙事所涉及的事件、意识状态、人物、时空、场景等均发生了迁移，电视剧的叙事因此而中断。

传统的插片广告完全与剧情无关，其主要目的在于宣传某种产品或者理念，因而这种叙事中断更为彻底，更容易引发观众的抵触和反感。2011 年 11 月，国家广播电影电视总局下发《〈广播电视广告播出管理办法〉的补充规定》，规定自 2012 年 1 月 1 日起，全国各地电视台播出电视剧时，每集（以四十五分钟计）电视剧中间不得再以任何形式插播广告。这一政策的出台与人们对插片广告的反感不无关联。然而，相关规定并不包含网络视频，视频网站在播放电视剧时仍然可以在播放的电视剧中间插播广告。

植入式广告与传统插片广告不同，它将相关产品和理念完全融入电视剧的叙事之中，观众仍然能从电视剧的相关道具、台词、剧情、场景、音效、题材或文化等元素发现该广告与电视剧的关联性，从而达到宣传和推广的目的。而新型的创意中插广告则更进一步，它们不仅能与原本的电视剧产生深度互动，事实上它们是在利用电视剧的人物、造型、道具、场景等相关元素，再造一个衍生短剧，虽然电视剧原本的叙事节奏因此而中断，但这个新故事也能产生与电视剧正片相关的新的叙事功能，让人耳目一新。尤其是在《那年花开月正圆》《白夜追凶》《春风十里不如你》《无心法师 2》等热播剧中，观众通过网络终端观看电视剧时，中途会突然被这种创意中插广告“袭击”，但是由于叙事元素似曾相识，相关广告内容也风趣幽默，观众并不会感到特别突兀。2017 年，至少有 16 部网络热播剧中采用了这种形式（见表 1）。

表 1　2017 年部分热播剧创意中插广告统计

电视剧名称	广告内容	涉及集数	涉及人物	广告类别
《那年花开月正圆》	派派	1，15，48	吴漪，月如，春杏	社交软件类

续表

电视剧名称	广告内容	涉及集数	涉及人物	广告类别
《那年花开月正圆》	爱钱进投资 App	2，10，14，23，29，36，39，40，49	春杏，江福祺，月如，福来，查坤	理财软件类
《那年花开月正圆》	悟空理财	3，12，18，27	月如，查坤	理财软件类
《那年花开月正圆》	京东全球购	4	吴漪，查坤，二虎	购物平台类
《那年花开月正圆》	现金借款 App	5，7，11，16，20，25，31，33	月如，福来，春杏，江福祺，查坤	理财软件类
《那年花开月正圆》	火山小视频	9，38	春杏，吴泽	社交软件类
《那年花开月正圆》	农夫山泉	13，26	春杏	饮品类
《那年花开月正圆》	叮咚智能音箱	19	春杏	电器类
《那年花开月正圆》	网易考拉海购 App	22，24，28，30，32，35	月如，查坤，吴泽	购物平台类
《那年花开月正圆》	安利・纽崔莱	52，72	月如，吴泽	保健品类
《春风十里不如你》	PPmoney 理财 App	1，5，9，15，20，22	黄芪，小白，尤悦，辛夷，妖刀	理财软件类
《春风十里不如你》	Keep App	3，13，17	辛夷，杜仲	运动软件类
《春风十里不如你》	悦诗风吟火山七彩泥面膜	7，10	辛夷	化妆品类
《春风十里不如你》	大宝天猫官方旗舰店	11，35	辛夷	化妆品类购物平台
《春风十里不如你》	伊利优酸乳	12，14，16	孙教官，小红	饮品类
《春风十里不如你》	农夫山泉	18，24	辛夷，厚朴	饮品类
《春风十里不如你》	可得眼镜 App	26	妖刀	日用品类购物软件
《春风十里不如你》	东方树叶	29	小白	饮品类
《春风十里不如你》	春纪化妆品	30，31，32	刘婷婷，妖刀	化妆品类
《白夜追凶》	钱站 App	1	周巡，小汪，潘粤暗	理财软件类
《白夜追凶》	爱钱进投资 App	6，7	关宏宇	理财软件类
《无心法师 2》	吴太感康	5，8，9，10，14，16，22，24	秦二，杜敢闯，顾基，姑获鸟，小甜，马秀红	药品类
《无心法师 2》	健爽白牙膏	6，11，17，23	杜敢闯，顾基，小甜，姑获鸟	日用品类

续表

电视剧名称	广告内容	涉及集数	涉及人物	广告类别
《无心法师 2》	阴阳师手游	7，12，13，18	顾基	游戏软件类
《无心法师 2》	派派	11，21，27	姑获鸟，小甜	社交软件类
《无心法师 2》	有货	18，23，26	小甜	购物平台类
《无心法师 2》	最右 App(已下架)	29，21	小甜	社交软件类
《无心法师 2》	陆风 X2	3	秦二，杜敢闯	汽车类

上述四部电视剧的创意中插广告中有 17 则为互联网类广告，占 60.7%（$N=28$），11 则为非互联网类广告。17 则互联网类广告中，6 则为理财类广告，占 35.3%（$N=17$）；4 则为社交软件类广告，占 23.5%（$N=17$）；3 则为购物平台类广告，占 17.6%（$N=17$）；1 则为游戏软件类广告，1 则为运动软件类广告，1 则为化妆品类购物平台广告，1 则为日用品类购物软件广告，均占 5.9%（$N=17$）。除了《白夜追凶》之外，其他电视剧的创意中插广告的参演人物均为剧中的重要配角。这些创意中插广告无论是从人物角色、性格上，还是从广告内容上，都能与剧情产生深度互动，使叙事得以延续。

三　碎片化的叙事再造

创意中插广告运用电视剧中的主创和人物关系，使用正片的场景，打造了一个个游移于主线叙事之外的番外小剧场，并通过与正剧之间的叙事互动来展示产品的特点和理念，比较有创意。部分电视剧还将播放创意中插广告的时间命名为各种“小剧场”，以延续电视剧正片的叙事。例如，《那年花开月正圆》就将这一广告时间谓之“花开时刻”，《白夜追凶》中称为“白夜现场”，而《无心法师 2》中则叫“有心外传”。这些命名值得玩味，创意十足，也会增加观众的兴趣。

创意中插广告的人物形象设置与正剧一脉相承，这种设置不仅减少了观众的排斥感，更让观众产生了一种全新的观剧体验。在《无心法师 2》中，无论是在“吴太感康小剧场”中，还是在“健爽白牙膏小剧场”中，顾基的形象均是“执着于怎么做大哥”的小混混，小甜的形象则是痴情女子；在《醉玲珑》的创意中插广告中采倩依然是痴迷于烧鹅的"吃货"；在《楚乔传》的创意中插广告中，兰妃仍然是喜欢争风吃醋并谋划着怎样怀上龙胎的女性。但是他们的故事是全新的。这种叙事再造与主体剧情之间有强烈的互动，给观众带来了一种新鲜感，有效减少了观众对嫁接产品信息的排斥感。新浪娱乐 2017 年发起的一项关于创意中插广告的微博调查显示，有 41.1% 的网友表示看到创意中插广告就反感，会影响观剧热情，不过也有 29.6% 的网友表示有的创意中插广告很好玩，比普通广告有趣，还有 6% 的网友表示无所谓（叶子，2017）。

热播剧中的创意中插广告带有浓厚的互联网色彩，它虽然再造了一个新的叙事结构，但是它的叙事不仅是碎片化的，更严重依附于正片剧情，其目的在于推销某种商品或理念。例如，在《那年花开月正圆》的一条创意中插广告——爱钱进投资 App 广告中，春杏、月如、福来等人在饭馆中吃饭，结账时发现账单超出预算，这时月如拿出手机告诉众人，她使用了爱钱进投资 App，所以有钱埋单，并适时打出广告语"收益看得见，月底也大方；小小幸福，天天进账"。而在《无心法师 2》的一条吴太感康创意中插广告中，顾基受到邪祟姑获鸟的追逐，但最后发现姑获鸟是因为感冒缺少药物而追赶他，于是拿出一盒吴太感康，并贴在了姑获鸟的头上。在这些创意中插广告中，无论是故事，还是场景，都是碎片化的，既缺少对前因后果的介绍，也没有完整的剧情，整个叙事都是围绕人物和广告产品展开的，是一种碎片化的叙事再造，给观众带来了新鲜感。

四　后现代的叙事风格

热播剧的创意中插广告还具有鲜明的后现代叙事风格，这具体表现在剧情设计上使用反转、幽默等技巧，在人物形象塑造上使用了网络时代常见的"卖萌"的形象，在动作设计上夸张、搞怪，在语言上也较多地使用了网络化的语言，等等。例如，在热播剧《醉玲珑》的创意中插广告中，味全针对其两款产品"放肆点"优酪乳和"简单点"优酪乳进行不同方式的营销宣传，趣味性十足，脑洞大开。其中在"放肆点"优酪乳广告中，使用了各种夸张搞怪的动作来吸引观众眼球，而在“简单点”优酪乳广告中，使用了剧情反转的手法，在剧集结尾处甜蜜温馨、秀恩爱的画面给用户撒出一大把“狗粮”。而小猪短租在《楚乔传》第 11 集中插植入，其广告剧情如下：楚乔给小七、小八伪造了释奴文书，让小七、小八在城门口等她一起逃脱，跑路也要有个“家”，于是，小八去找住处，被一群大爷、大妈堵住，像游客出入火车站的场景，“姑娘，要住酒店吗？有水有电有 Wi-Fi”，没想到小八的要求是“价格要平民，体验要皇家，可洗衣，可做饭，要有阳台有花花，可带娃，可遛狗，要有浴缸要像家”，众人懵了，他们从业这么久，从来没见过这样的酒店。在这则广告中，接地气的网络语言频繁出现，为这则广告增加了幽默风趣的特色。小猪短租共制作了 4 个不同版本的创意中插广告，通过多个人物、不同角度讲述了同一个诉求。后现代的叙事风格也让这些创意中插广告充满了趣味。

五　创意中插广告“热”的反思

2017 年是电视剧中的创意中插广告集中爆发的一年，超过 16 部热播剧中使用了创意中插广告的形式，然而这种迅猛扩张也带来了新的问题，主要表现为以下几个方面。

1. 制作粗糙，创意不足

当前热播电视剧中的创意中插广告制作大都比较粗糙，一方面依托于热播剧的剧情、人物、场景等的设置，创意中插广告的可发挥空间有限；另一方面由于使用了大量的网络流行语，语言使用的规范性不够。这些叙事手段虽然拉近了广告与用户之间的距离，但是导致作品的格调不高、艺术性不足，限制了其发展。另外，创意中插广告出现之初确实给人们带来了新鲜感，但目前随处可见的创意中插广告也给人们带来了审美疲劳，从而影响了作品的创意。如果创意中插广告止步于此，很快将被人们厌弃。

2. 信息混乱，扰乱市场

热播剧中的创意中插广告的类型还是比较有限的，从表 1 列举的 4 部作品来看，集中在理财软件、社交软件、购物平台、饮品、日用品等方面，类型不够多元化。目前，热播剧中的创意中插广告中数量最多的是理财软件类广告，如钱站 App、爱钱进投资 App、悟空理财、PPmoney 理财 App、现金借款 App 等 P2P 平台。这些理财类广告不但没有标明相关风险提示语，而且广告标语随意性较大，极具诱惑力，比如现金借款 App 的广告标语为“三分钟申请，一小时到账”，这种广告语很容易诱导用户的不理智借款。此类广告涉嫌违反网贷监管禁令，容易引发社会混乱。2016 年，国家工商行政管理总局等 17 个部委就联合出台了有关互联网金融广告的专项整治工作实施方案，严格规范金融投资理财类广告。

3. 浮夸演绎，可信度低

从广告的表现方式来看，过于浮夸的表演，幽默搞笑无厘头的演绎方式和后现代的叙事风格有哗众取宠的嫌疑，虽然能暂时引起用户的注意，但是可信度大打折扣，尤其是过多的无厘头和浮夸的叙事还容易引发用户的反感。例如，在《那年花开月正圆》的创意中插广告中，多次出现一众家丁和丫鬟夸张地推荐爱钱进投资 App、悟空理财等理财类软件的场景，而在《无心法师 2》中频繁出现各路演员浮夸地推荐吴太感康的场景，这些广告夸张的叙事方式不符合人们的日常认知，过于夸大广告效果，让人反感。

总之，创意中插广告作为一种创新的广告方式，再造了电视剧的叙事，具有强烈的互联网特征，但是倘若不加以规范，必将误导受众并引发市场混乱。在“互联网+”时代，用户与互联网的连接越来越多，越来越方便，人们也更容易被煽动，而言语轻浮、表现夸张的创意中插广告，对于互联网空间的治理显然是不利的，尤其是那些金融理财广告和游戏应用广告，容易误导用户，引发社会的混乱。面对热播剧中火热的创意中插广告，我们只有冷静面对，尽快建立制度规范，加强对广告内容的监督和管理，提高制作质量，才能避免市场的混乱。

参考文献

[1]〔英〕拉波特，奈杰尔、〔美〕奥弗林，乔安娜，2013，《社会文化人类学的关键概念》（第 2 版），鲍雯妍、张亚辉译，华夏出版社。

[2] 叶子，2017，《创意中插收入上亿观众也受用　但乱象俱生咋办?》，http://ent.sina.com.cn/original/qihua/zhonghcaguanggao/，最后访问日期：2017 年 9 月 13 日。
[3] 周建青，2014，《新媒体视听节目制作》，北京大学出版社。
[4] Kerby, A. 1991. *Narrative and the Self.* Bloomington: Indiana University Press.

广告舆论研究的趋向及价值思考

晋艺菡*

摘　要： 广告活动中舆论现象频发，广告舆论研究的重要性也日益显现，而学界研究却处于进展缓慢的状态。本文通过信息计量对上述判断进行了检验，并在反思的基础上进行发展趋向探讨，认为中国广告舆论研究应重视本体与结构性要素的实证研究、转为合理利用的研究取向、导入社会学的宏观考察体系。同时，重新审视了广告舆论研究的价值，既是对早期舆论研究的回归与深化，又是在观照广告价值理性与广告社会功能下对广告研究境界的超越，同时也为促进广告活动效果与实现广告社会效益提供由理论到实践的依据。最后，在价值思考的基础之上对后续的研究进行展望。

关键词： 广告舆论　社会学　广告传播　舆论监督

2016年2月19日，习近平总书记在党的新闻舆论工作座谈会上强调："新闻舆论工作各个方面、各个环节都要坚持正确舆论导向……广告宣传也要讲导向。"① 从新闻宣传工作到新闻舆论工作的改变，说明了党认识的改变，从自上而下被动式的"宣传"，转变为自下而上主动式的"舆论"。在这个背景下，广告宣传导向也应从舆论层面出发。广告宣传导向的实质就是广告的舆论导向，这使广告舆论的研究议题受到业界与学界的广泛关注。议题的提出是因为处于向消费社会转型过程中的中国社会环境增加了大众对于广告的依赖度与关注度，广告传播所塑造的文化已成为意识形态，既是社会变迁的重要内容又是社会控制与秩序的实现手段。广告

* 晋艺菡，博士，湖北大学新闻传播学院讲师。

① 《习近平谈治国理政》第2卷，外文出版社，2017，第332~333页。

舆论研究的重要性毋庸置疑，但若缺乏相应的研究，会使得“广告宣传也要讲导向”缺乏实际指导，成为只提口号不论操作的空谈。

广告舆论并不是一个崭新的议题，舆论是“公众关于现实社会以及社会中的各种现象、问题所表达的信念、态度、意见和情绪表现的总和”①。广告活动是以塑造或改变公众观点、态度为目的的信息传播活动，与舆论在形态、表现方法、目的、功能等多个方面皆存一定共性。因而，在国内外学者展开舆论研究之初，舆论就与广告活动紧密联系。但是，直接将广告舆论作为研究主题的文献较少，广告舆论是一个较新的概念，它“是在广告传播过程中，基于共同利益，经共同知觉人群互动、协调而产生的整合性意见”②，是对舆论内涵的扩展。现阶段被重点关注的舆论形态是新闻舆论、网络舆论与谣言，它们造就了这样的研究现状：一方面广告舆论现象的频发对社会造成巨大影响，另一方面相关研究处于分散与缺失状态。然而这只是经验判断，本文利用文献计量学工具对此议题进行精细化的实证考察。通过文献综述，本文力图描绘中国广告舆论研究的发展趋向。

一　文献检索与分期

广告舆论主题所涉及的议题是被学者普遍认知的研究方向，新闻传播学、法理学、心理学、政治学等多个学科的研究者做出知识贡献。因而，本文不直接选取广告舆论为关键词，也不对学科与期刊进行筛选。本文选择中国知网（CNKI）数据库为样本库，通过信息计量与文献综述来呈现中国广告舆论研究的全貌。以“广告”与“舆论”进行摘要搜索，以规避以主题搜索无效文献过多及以关键词、篇名搜索文献过少的缺陷。结果共搜得 1523 篇文献，在进行无效文献剔除后，共得 1439 篇文献，时间跨度从 1983 年至 2018 年。

通过文献计量统计（见表 1），绘制时序曲线图（见图 1）来描述研究

① 陈力丹：《舆论：感知周围的精神世界》，上海交通大学出版社，2003，第 6 页。

② 晋艺菡、窦佳乐：《广告舆论社会功能的内涵新解》，《新闻大学》2017 年第 6 期。

的整体状况。

中国广告舆论研究可分为三个阶段。(1) 1983—1996 年，此阶段内的文献数量基本处于个位数（1996 年除外），增长缓慢。(2) 1997—2010 年，1997 年，相关研究文献数量有了明显的增加，即便此后有所回落，也呈现较上阶段基数明显增长的趋势。(3) 2011—2018 年，2011 年又一次出现了接近 90 度的增长折线，但阶段内文献数量曲线呈“S”形，存在波动。

为进一步考查该议题研究的发展与现状，找出存在问题与突破方向，本研究采用的研究方法如下：第一阶段，文献数量较少，对全部文献进行阅读梳理；第二和第三阶段，采用信息计量学分析软件 CiteSpace 对文献进行分析，找出研究的主要内容。

表 1　广告舆论相关研究 CNKI 文献统计

年份	1983	1984	1985	1986	1987	1988	1989	1990	1991	1992	1993	1994
篇数	2	1	5	5	1	3	2	3	2	4	8	7
年份	1995	1996	1997	1998	1999	2000	2001	2002	2003	2004	2005	2006
篇数	9	16	34	13	16	13	25	25	30	39	47	45
年份	2007	2008	2009	2010	2011	2012	2013	2014	2015	2016	2017	2018
篇数	66	65	68	73	102	108	132	107	106	115	119	23

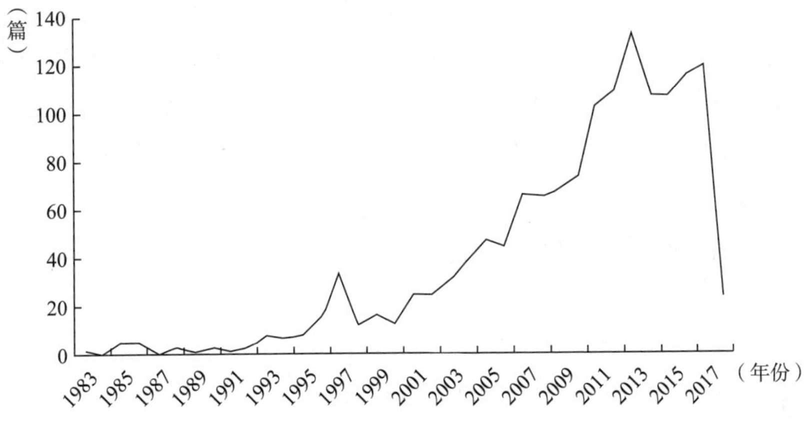

图 1　广告舆论相关研究 CNKI 文献统计

二　知识的导入——缓慢的发展（1983—1996年）

1983 年是广告舆论研究的起点。在中国，现代舆论学研究开始于 20 世纪末，可见将广告与舆论共同进行研究是从中国舆论学发展之初就存在的现象。1983 年也是中国第一个广告学专业创办的时间，因而，此阶段内介绍国外相关知识的文献占较大比例，如盖洛普民意测验（唐若水，1983），法国报业反托拉斯法案（许崇山，1984）。内容主要涉及：（1）媒介广告经营管理（胡安森，1986；姚福申，1994；金玮，1995；陈丽，1996），在承认广告对媒介经营的重要地位的同时，认为媒介内容应脱离广告主影响，坚持正确的舆论导向，媒介广告经营也要考虑媒介信誉与形象；（2）公共关系（董进，1986；胡庆元，1987；岳喜林，1995），将广告纳入公关手段与传统广告进行区别，以科学、隐蔽的方式为企业发展创造良好的舆论环境；（3）广告舆论导向（关升，1988；景张明，1991；王双，1996），引导正确舆论是广告工作的责任，“广告要符合精神文明要求”①，从批判角度分析广告中出现的错误导向，如误导儿童、崇洋媚外等，并提出民意调查等对应措施；（4）广告与新闻（尔盛，1986；刘瑞武，1988；田玉棉，1993），学者关注到新闻成为塑造广告舆论的重要方式，对新闻与广告间关系进行了反思。

在此阶段内，研究者对于广告舆论的探索才刚刚开始，以知识介绍与理性总结为主。主题较为集中，但涉及学科已开始多元，有的从法理层面对所批判的内容进行控制设想（宁诗敏，1994），有的从文学角度思考广告用语的设置（刘志基，1995），为后续研究的多元化打下重要基础。

三　自主的探索——稳定的前行（1997—2010年）

使用 CiteSpace 软件进行信息计量分析，以 1 年为时间切片，在阈值调节下，通过最小生成树方式进行统计，形成知识图谱。明显的关键词共现节点

① 王众孚：《广告要符合精神文明要求》，《广告大观》1996 年第 8 期。

有4个，分别是“舆论导向”“舆论监督”“社会舆论”“商业广告”，它们是该阶段研究的主要内容（见图2）。文献数量与研究主题数量都有一定程度的增加，与上阶段以知识导入为主的特征不同，该阶段内，研究者进行更多的自主性探索，将研究与中国媒介和广告发展的背景相结合。

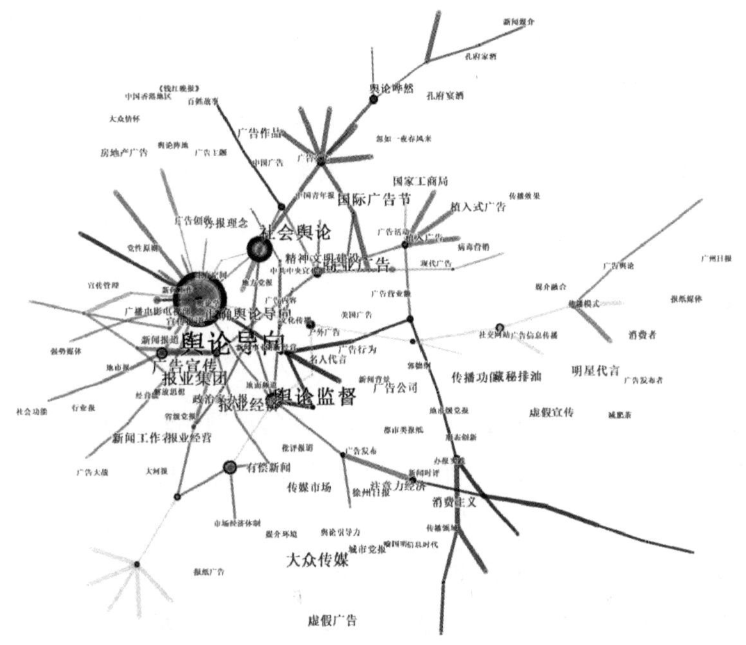

图2　1997—2010年广告舆论知识图谱

依据各关键词所属聚类下的文献信息对各个关键词进行分析，结论有以下几个。

（一）舆论导向

舆论导向的研究分为四个方面：一是将媒介的广告经营与内容生产割裂开来，认为广告经营不能影响媒介内容中的舆论导向；二是将广告视为媒介内容的一部分，因而，广告内容也需要坚持正确的舆论导向，对社会主义精神文明建设起到补充与延伸的作用，广告导向与舆论导向同样重要（范莉，2007）；三是指出广告具有正确舆论导向才是实现广告主塑造良好形象、提升公信力等长期目的的唯一途径；四是分析广告中的舆论导向，从批判角度分析广告内容存在的问题及不良社会影响。

（二）舆论监督

在舆论监督研究中，学者们认为市场化发展后，传媒的职能不能改变，告诫媒体人切莫忽略报纸不可替代的舆论监督的工具属性，以及将社会效益至于首位的最高原则。舆论监督的主要对象是有偿新闻与虚假广告，学者们认为这是传媒经营失范的代表性问题。也从法律与制度层面探讨了治理路径，反思媒介在虚假广告问题上的责任与义务，从源头解决部分媒介既投放虚假广告又进行舆论监督的双重身份问题。同时，不少研究指出媒介执行舆论监督与进行广告经营并不矛盾，以内容赢得受众，是实现报纸广告经营良好发展与展开竞争的基础。

（三）社会舆论

新闻媒体的社会责任是这一时期具有热度的议题，新闻媒体的社会责任是为构建社会主义和谐社会创造良好的舆论氛围，起到舆论导向的作用，因而，媒体必须肩负社会责任和具有公信力（孙静，2004）。在这种导向下，有学者从批判的角度将“有偿新闻”“虚假报道”“低俗之风”“不良广告”并称新闻媒体的“四大公害”。[①] 从方法贡献的角度，结合中国媒介竞争日益激烈的背景，为使媒体既能实现社会责任，也可应对市场竞争，“办报经营两分开”的提法多次被提及。研究者认为媒体有实力才有竞争力（肖一、赵国岩，2002），即便新闻与广告都是报纸的有机组成部分，但两者不可混淆，有从内容到形式上的差异。

（四）商业广告

在商业广告研究中，由于经营者对于广告的信息传递的工具性认知已过时，不能满足动态市场环境的需求[②]，广告的舆论功能被提及，对应于广告效果研究。新的商业广告形式——植入式广告流行起来，在 2010 年成

---

① 金昌国：《新闻媒体要把社会责任放在首位》，《记者摇篮》2010 年第 7 期。

② 张金海、饶德江、刘珍：《略论广告的舆论引导功能》，载《新闻与传播评论》，武汉大学出版社，2001。

为学界、业界讨论的热点，这主要是因为虎年春晚的广告植入导致舆论哗然。由于大众对春晚的植入广告批评声不断，学者从伦理（刘海明、王欢妮，2010）、品牌（汪涛，2010）、第三人效应（卢珂，2010）等角度研究植入式广告的正当性，以理论指导实践。这些研究实际上更反映了舆论对广告活动的影响，舆论批评植入式广告的关键点在于其破坏了原有的节目结构。论及植入式广告风行的根本原因，是植入式广告可以在潜移默化中将产品与品牌信息输入受众的脑海、改变态度、形成偏好等，是广告舆论形成的重要途径。

四　季候的影响——波动式发展（2011—2018年）

使用 CiteSpace 软件进行信息计量分析，以 1 年为时间切片，在阈值调节下，通过最小生成树方式进行统计，形成知识图谱。明显的关键词共现节点有 5 个，分别是“公益广告”“新媒体”“社会责任”“舆论监督”“舆论导向”，它们是研究的主要内容（见图 3）。与上一阶段相比，文献数量与研究主题数量有明显增长，各个节点间的关系脉络更加清晰，表明研究的框架已有稳定的趋势。但文献数量季节波动较大，意味着具有季候色彩，即研究受政策、事件、突出的社会变化影响强烈，研究的自觉性较为薄弱。

值得注意的是，“公益广告”“新媒体”“社会责任”同属一个聚类，在文献阅读与归纳的过程中也可以发现，这些关键词确实在研究内容中产生较多的交叠现象。

（一）公益广告

公益广告的研究从 2008 年起就有蓬勃发展之势，“公益广告已成为社会舆论导向的重要组成部分”①。这说明，公益广告作为广告舆论研究的一个议题被持续关注。但在此阶段，公益广告才成为最为稳定与重要的研究内容。与商业广告不同，公益广告是不以获取利润为目标，只以推销观点

① 张志红：《公益广告的新闻价值》，《新闻知识》2011 年第 8 期。

图 3　2011—2018 年广告舆论知识图谱

为根本的广告作品，必然以影响舆论为目的。并且这种影响是引导而非强制的，具有超前性等特征。学者普遍认为中国公益广告的本质是思想宣传，政治色彩浓重，存在市场化运营不成熟、缺乏法律支持等问题。因而，研究多受政策影响，也着重结合热点事件。“中国梦”系列公益广告，是学者分析的重要案例。因此一些关于公益广告运作机制的研究得以展开，主要涉及广播电视和新媒体环境。

（二）新媒体（广告）

从 1997 年内地出现了第一则网络广告后，新媒体广告研究不断发展，尤其在此阶段内，以社交网络媒体为代表的新媒体广告研究呈爆发式增长。学者分析了新媒体的信息传播模式、用户影响力等问题。新媒体所创造的话语空间给舆论提供了“场域”，消费者的分流使广告主更加注重新媒体特性。此时，广告的内涵和外延被改变，广告与公关的边界被打破，新媒体广告“在沟通中实现说服，在互动中赢得关注……广告舆论渗透到个体的认知过程中”①。同时，新媒体广告也成为广告舆论研究中应用传播学理论最多的议题之一。以“意见领袖”为代表，该理论多被用于研究网络端广告信息传播的特征。

（三）社会责任

该阶段内，媒体的社会责任研究不断增多，尤其是近两年，新媒体是研究的主要对象，出版了《新媒体社会责任蓝皮书》。这一主题受到热议主要源于信息化时代媒体的巨大改变，广告舆论现象频发，不良舆论逐渐增多。学者们从细分入手，研究“低俗化”“娱乐化”对社会的影响，分析的具体案例集中于无痛人流广告等医疗广告，研究者认为这些广告中的失范信息会冲击主流社会价值观、降低媒体公信力、引发企业诚信危机等。广告传播是媒介传播的一部分，更会引导消费倾向与思维模式。自由和自律、责任和义务是统一的，新媒体也是舆论的引导者、监督者，应同传统媒介一样承担相应的社会责任，保证广告信息的真实性、积极性、正确性。

（四）舆论监督

舆论监督是从上个阶段延续至今的热点问题，学者们更加深入地研究了舆论对大众传播的制约机制：一方面形成的舆论不易改变，另一方面舆论可以对传播内容进行监督。与上一阶段不同的是，研究关注了新的监督主体——网民，网民通过舆论推动广告行业自律，被称为“第四种力量”。新媒体造就了比以往更加复杂的广告监管环境，但网民拥有话语权，可以自由评论广告信息。由于广告意图拉拢的对象是网民，网民的言论会对广告行业产生巨大压力，社会舆论对广告舆论产生监督与管理的作用。另外，舆论监督的重点内容之一仍是植入式广告，与上一阶段以批判为主不同，研究视角分为效率和公平两种，分别对应于植入式广告的效果、植入

---

① 冯雅颖：《微博中广告舆论的生成路径及社会影响——以新浪微博为例》，《东南传播》2015 年第 6 期。

式广告与媒介内容的边界两个问题。

（五）舆论导向

除了有与上个阶段内同一关键词下的相似内容之外，一个关键性的概念在此阶段内多次出现——广告舆论。不少学者认为广告舆论是一种消费舆论，部分学者即使没有完全将两者等同，也认为广告传播是引发和制造消费舆论的关键路径，消费舆论的制造是广告舆论的主要任务。还有一些学者认为，广告舆论的价值主要表现为商业功能（商业广告）与社会功能（政治广告、公益广告）两方面，并对其做出一定区隔。以杨海军为代表的学者们对之进行了基础性研究，他指出："广告舆论是指由广告传播引发的公众关于现实社会以及社会中各种现象、问题所表达的一致性信念、态度、意见和情绪表现的总和。"① 他还对其形成过程进行了框架式的总结。晋艺菡、窦佳乐指出"广告舆论是在广告传播过程中，基于共同利益，经共同知觉人群互动、协调而产生的整合性意见"②，并对其社会功能的内涵进行了重新的界定。也有研究者对这个概念进行了批判，陈相雨从狭义的层面讨论了广告舆论的虚伪本质，即认为广告舆论是"广告传播中产生的与广告产品、服务、品牌等相关的大概一致的众人议论"③，受资本掌控而具有虚伪性。

五　研究反思

综上所述，广告舆论的研究仍处在不断的发展中，可以观察到涉及议题不断扩展，研究深度得到提升，从第二个阶段到第三个阶段的图谱中明显可以看出共现关键词节点数量增多，关联脉络更为清晰。研究具有三个特征：首先，文献数量仍不多，批判研究占主导地位；其次，由关键词聚类可知，学者们的研究内容与思路较为集中；最后，相关研究确实存在进

---

① 杨海军：《广告舆论传播研究——基于广告传播及舆论导向的双重视角》，博士学位论文，复旦大学，2011。

② 晋艺菡、窦佳乐：《广告舆论社会功能的内涵新解》，《新闻大学》2017 年第 6 期。

③ 陈相雨：《广告舆论虚伪本质的批判分析》，《当代传播》2017 年第 5 期。

展缓慢、研究受到局限的问题。因而，有必要对既有研究进行反思。

（一）研究取向重效果而忽视本体

1. 对广告舆论的误读

广告舆论的批判研究较多，批判的焦点有：其一，广告影响新闻媒介社会效益的发挥；其二，失范广告对受众利益造成侵害，均是对广告舆论引发的不良社会效果的批驳与反思。学者们在研究中发现广告舆论可以塑造消费舆论，承认作为广告活动结果之一的广告舆论，可以改变受众态度、形成偏好、影响消费行为。但是，在商业力量的驱动下，虚假、夸张等广告失范现象频发，使消费者知情权与利益受到损害成为广告舆论显著的社会影响，体现了广告的负功能。广告常与带有商业意图的操纵、误导、欺骗相联系。[①] 因而，学者多以结果反向推导原因，矛头直指广告舆论背后隐藏的“商业原罪”。

以结果推导原因是一种研究路径，但缺乏对社会既有的结构等影响要素的全方位探索，这使人们对广告舆论的探索出现盲区。部分广告舆论的形成是商业广告失范行为的结果，但商业广告失范的本质是商业违法行为，不是广告的社会功能，广告中包含的信息和观点也不能等同于广告舆论本身。从研究视角来看，缺乏客观与全面的广告舆论的本体研究，使得研究容易陷入形而上学的误区中，研究受到局限无法深化。

2. 对广告与舆论关系的理解偏差

学者们基于效果的探索，主要集中在两个问题上：一是如何增强广告影响舆论的效果，二是如何控制广告影响舆论的效果。这体现出学者所站角度的差异和效果研究的目的区隔。从市场营销角度出发，学者们关注的是通过民意调查、科学制定策略、提高从业人员素质、利用新闻报道等方式与手段来提升广告舆论的效果。从媒介管理的角度出发，学者们担忧作为媒介二元市场中重要的广告市场对媒介实现社会效益这一首要职责的解构，忧虑不具真实性或有误导性的广告对受众利益造成侵害，影响社会主

① 黄升民、陈素白：《社会意识的表皮与深层——中国受众广告态度意识考察》，《现代传播》2006 年第 2 期。

义精神文明建设。

这种研究的现状显然是来自广告单向影响舆论的认知，但是，广告与舆论的关系是双向的互动关系。社会舆论对广告的内容进行监督，尤其受到互联网发展的影响，广告受舆论的影响也越来越大，社会舆论挤压了不良广告的生存空间。广告要想取得良好的效果，达成塑造品牌形象、促进产品销售的目的，需要在内容设计上符合社会舆论要求，并受社会舆论监督，离经叛道的广告并不能起到良好的广告效果。并且，社会舆论也可以影响广告行业的发展，不少学者已经关注到这一事实，如“眼球经济”影响下的广告行业发展，其混乱秩序恰是因为社会舆论的批判声音得到关注，而正在被缓解，充分体现出广告管理“第四种力量”的重要作用。因而，任何相关研究都不能无视广告与舆论的这种双向的、互动的、渗透的关系特征，以免导致研究思维的受限与观点的偏颇。

（二）治理路径重管理而忽视问题根源

1. 对广告的泛政治化解读

在社会转型期，“以广告为代表的市场消费意识形态和主流的政治意识形态出现了碰撞与冲突”①，有学者认为广告包含“宰制意识形态”（叶蔚春，2016），广告舆论的意识形态问题受到重视。中国重视意识形态工作，广告舆论研究的内容集中于媒介经营与管理领域，实质是学者期望有效调整媒介在市场化发展中广告舆论影响新闻媒介，进而作用于意识形态的问题。对广告舆论进行管理是重视意识形态阵地建设的必需。管理的对象，一是传播广告信息的媒介，要对广告内容负责与进行监督；二是广告形式与内容，要遵循主流意识形态，承担社会责任。

但是，过度强调管理意识，使有时广告中单纯的艺术表现方式被过度的解读，尤其是被政治意识进行解读。诚然，在社会转型、市场开放与互联网的普及进程中，炫富、性别刻板印象、民族与国家问题等内容愈发通过广告舆论呈现，影响了社会舆论与意识形态。但是，不少广告内容与创

① 黄升民、陈素白：《社会意识的表皮与深层——中国受众广告态度意识考察》，《现代传播》2006 年第 2 期。

意策略只是对受众心理的一种迎合与反映，同时，跨文化传播中也容易出现符号的误用与受众解码的差异问题。因此，责任不应全由广告舆论承担，如对广告的解读过于政治化、意识形态化，动辄得咎，不仅使广告行业发展受阻，也使隐藏在现象背后的社会问题容易被忽视。

2. 治理效果不佳

媒介传播是广告舆论形成与实现教化功能的路径，中国却长期缺乏相关法律规定与职能部门进行约束制裁，因而，不少学者将研究的任务设定为规避广告活动对新闻传播的负面作用，学者多选择自上而下式的，具有强制力的广告、媒介管理为实现路径。在管理视角下，学者们对媒介的采编与经营关系有“两分开”（肖一、赵国岩，2002）与“二为一体”（范莉，2007）的意见分歧。无论是着眼于传统媒体还是着眼于新媒体，对广告舆论的研究重心均是导向与监督，对应于规范媒介发展、实现媒介职能的研究目的，这是对广告舆论研究的重要贡献。

但管理视角造成了广告与新闻媒介的关系对立，广告与舆论处于矛盾状态。在现实中，广告经营与新闻媒介的关系并不是完全统一或者可以完全剥离的状态，广告是媒介的第二市场，为应对激烈的媒介市场竞争，媒介对广告的态度是暧昧的。因而，研究者从媒介经营与管理的思路入手难以找到有效的治理办法，使研究陷入停滞状态，难以深化。从本质上来看，管理只能是辅助手段，是治标不治本的路径选择。市场需求的存在及失范行为付出成本低、市场效果显著，给不良广告舆论造就了生存空间，这是失范现象存在的根本原因。因此，从倡导社会责任到践行社会责任需要动力驱动。找到促进实现广告与媒介社会责任的动力机制，消除不良广告舆论的生存空间，才是解决问题的根本路径。

（三）研究方法重经验总结轻理论建设与实证

1. 局限研究视野与降低研究价值

刘泓在考察学科规训与知识谱系时，发现中国广告研究的两条发展线索分别是“营销劝服”和“媒介传播”。[①] 反思中国广告舆论研究，同样

① 刘泓：《广告学“学科规训”及其知识谱系》，《新闻大学》2006 年第 2 期。

如此。一部分研究者仍在潜意识中将广告当作商业性的宣传工具，直接作用于受众行为的改变。即便研究中涉及态度、意见等影响因素，却没有将这些形成舆论的要素进行系统化的解读，而是将其作为中介因素，考察其与行为改变间的关系。另一部分研究者意识到，在新媒体蓬勃发展的大环境下，通过明星代言、权威认证等方式方法，广告舆论在政治、经济、文化等领域的影响力增强。但注意力仍停留在传播过程上，主要分析广告的信息传播机制，广告效果提升。即便是文化批判类研究比例不断增大，也强调的是广告传播的规范与自我约束。

从本质上讲，广告是一种综合了社会、政治、经济、文化、传播等的现象，单一性的营销学与传播学观照一定程度上忽视了广告研究的复杂性，没有从广告舆论社会影响力的高度来研究，局限了广告舆论研究视野，降低了研究的意义与价值，也给研究深化带来障碍。

2. 缺乏基础性研究

至今，广告舆论仍是一个较新且较少受到学者关注的概念，仍存在许多不明确之处，学者们对其内涵、外延仍存在分歧。例如，一些著作中表达出广告舆论是消费者对广告活动中存在问题的观点和意见（陈爱国、苏静，2014），也有不少学者将广告舆论等同于消费舆论（刘智，2000）。又如，学者们对广告舆论是“建构”还是“反映”社会舆论存有分歧，张金海教授等认为广告舆论与其他舆论的不同之处在于它不是对社会舆论的反映，而是创造、引导、控制舆论。也有学者仅将广告舆论作为对社会的反映，认为其他学者对其在社会体系的影响力的批驳是对广告功能的过高估计（史建，2007）。

上述分歧意味着，现阶段的广告舆论研究尚缺乏基础性研究，使研究难以深化与发展，亟待在合理的研究范式下，借用相关理论、实证辅助进行挖掘。

六　广告舆论研究的趋向

综上可见，广告舆论研究仍存在不少问题亟待解决。议题的提出是中国学者在关注广告行业发展、媒介变革与社会现实下为世界广告研究做出的新贡献，作为一个新的研究领域，广告舆论研究要得到良好发展，需要研究者以科学的精神为指导，积极寻找合适的研究框架、理论范式，调整研究重心。其中，参考国外研究不失为一种探索路径。但是国外的相关研究所表现出的倾向性，是路径依赖，也是成果继承，中国学者需要结合中国现状，在批判中学习，找出一条适合中国广告研究发展的道路。结合国内外的研究现状，笔者对于中国广告舆论研究的发展，有以下三点思考。

（一）重视本体与结构性要素的实证研究

基于中国广告舆论研究缺乏本体的基础性研究的现状，中国广告舆论研究需要更多微观至中观的舆论观察，新闻传播学发展至今，以美国为首的国外研究者有明显的关注微观问题与实证分析的倾向，可以为探索提供指导。

杜俊伟以《舆论季刊》为样本分析国外舆论研究，研究除了呈现明显的社会学研究倾向之外，更重视问题本身与测量方法。[①] 国外广告舆论研究深受这种研究倾向的影响，研究虽然分散，却为广告舆论的基础性研究做出很大的贡献。研究选题广泛而深入，关注了健康、饮酒、堕胎、医药产业、基因工程、移民、动物权利等具体的广告舆论问题。研究呈现三个特征：（1）注重受众研究，主要以具体的社会事件、社会问题为切入点，从受众角度阐释广告舆论的作用机制，如“女性”“成年人”等；（2）多是在社会心理学框架下进行测量性实证研究，研究了个体的心理特征与意见形成间的关系，挖掘心理变量，如刻板印象、认同、挫折、焦虑、冲突、固执、交互压力、价值、罪恶感等；（3）重视策略，通过改变传递内容与形式来测量和分析信源可信度、恐惧诉求、辩论技巧、结论呈现方式等微观要素与意见改变间的关系，为意见形成的过程提供参考因素。

这给中国研究以启发：首先，应重视问题本身，即广告舆论的本体研

---

① 杜俊伟：《从典型著述看国外舆论研究——以 10 种舆论专著和最近 5 年的〈舆论季刊〉为例》，《国际新闻界》2009 年第 2 期。

究，广泛关注广告活动中的舆论现象；其次，应加强对广告舆论特殊性的观照，即广告市场发展、受众心理取向、媒介变革环境、中国社会发展等结构性要素；再次，要明确广告舆论研究的目的，有针对性地选择研究对象、问题、视角与理论；最后，需要更多对个案的描述性分析与实证研究为研究提供依据。只有把本体研究与结构性要素研究结合起来，我们才能更加明确广告舆论研究的边界。

（二）转为合理利用的研究取向

国外研究具有社会公共管理意图，探讨了广告与舆论间的关系和广告的舆论功能，多以实证方式考察广告舆论的实际作用机制，尤其关注广告舆论对政策制定与推行的互动关系，意图为政策的推广和执行提供帮助，这种取向的选择心理可以从诺曼·道格拉斯“从广告可以看出一个国家的理想”的观点中窥视一二，广告被视为思想宣传的工具，可以被合理利用。

在中国，合理利用的研究取向已初现端倪，这一观点可由中国公益广告的发展带有一定的行政主导意味所证实。1996 年，由于政府的主导，中国的公益广告事业得到迅猛的发展，并于 1997 年掀起高潮。在国家主导下的公益广告，带有建设民主政治的期许，且具有主导性，延伸出一系列公益广告与社会主义精神文明建设、建设社会主义和谐社会等研究议题。

同时，受益于前人的批判研究，中国广告舆论研究由管理转向合理利用已有一定基础。大众对广告内容的解读有了从深度到广度的全面发展，媒介素养得到提升，对广告带有警惕意识。公众开始通过舆论对广告的内容进行监督，影响广告行业的发展，社会舆论挤压了不良广告的生存空间。随着广告行业的发展与社会责任意识的提升，广告活动在促进正确舆论形成的过程中起到至关重要的作用，如多芬《你比想象中更美》，强生《关爱背奶妈妈》，SK-Ⅱ《剩女光荣》，大众银行《追梦》等广告片，都在引发社会正确看待自己与他人、促进社会问题解决等方面起到正面甚至引导作用。由于广告舆论社会价值的展现，学者们对于广告舆论研究应更重分析，这是广告舆论研究取向转变的根本原因。

（三）导入社会学的宏观考察体系

以美国为代表的国外舆论研究并没有给予构建总体性理论框架足够的精力[①]，这意味着广告舆论宏观理论架构的探索式研究是中国舆论研究的重要贡献。

但是，广告舆论研究具有复杂性，传统的营销学与传播学研究视角无法满足研究的复杂现实需求。基于广告的特性，广告舆论的生成、传播与产生作用都无法摆脱广告主、广告制作方、广告媒介、广告受众的四重制约。广告主的价值判断、广告制作方的广告创意方式及表达方法、广告媒介的法律制度、广告受众的社会心理与信息解读能力等因素均在舆论形成的过程中起到至关重要的作用。这些社会结构性影响要素的存在必然导致其形成、作用机制的差异。因而需要借鉴社会学的相关理论来从宏观上对广告舆论研究做出指导。

广告舆论是一个“社会事实”，法国著名社会学家埃米尔·杜尔凯姆在《社会学研究方法的规律》一书中指出，社会事实是由超越个人的行动和思维的外在诸多方面所构成的。这意味着，进行广告舆论研究需要深深地根植于对中国社会环境的理解，社会环境是人类通过长期有意识的社会劳动、加工和改造的自然物质、创造的物质生产体系、积累的物质文化等所形成的环境体系[②]，社会学取向可以帮助重塑研究中对影响要素的重视。同时，系统阐释一个社会事实不仅要阐明其原因，而且在多数情况下需要指明其在社会秩序的维护中所发挥的功能。社会学中多个功能学派的研究给广告舆论功能分析提供了丰富的可以借鉴的理论基础与多种分析范式。尤其值得注意的是，社会学中的社会功能是一种客观存在，与结合社会现实所产生的实际效果做出区隔，可以避免学者继续重视效果研究所导致的研究误区。

---

① 刘毅：《近 20 年我国舆论学研究进展的知识图谱分析——基于 CSSCI 数据库（1994—2013）》，《情报杂志》2015 年第 5 期。

② 汪新建：《人类行为与社会环境》，天津人民出版社，2008。

七　研究的价值

学术研究的缺失与广告舆论现象频发之间产生矛盾，这使我们不仅要反思现有研究，也要重新审视广告舆论研究的价值，解析研究的效果与功能。笔者主要从以下三个角度来说明。

（一）对早期舆论研究的回归与深化

舆论知识的生产受到社会制约因素的影响，也与阶层利益间存在互动，并逐渐演化。现代舆论学研究在这种影响下，跨越了早期学者对舆论代表“众意”还是“公意”、主体理性与否等分歧，普遍认为舆论是一种“权力机制”，是民主政权合法性的唯一来源，具有社会性。因而舆论被置于带有政治背景的公共利益的思考之下，考虑社会效益的新闻舆论、政治舆论成为研究的主要内容，但这种研究取向并没有解决其他舆论形式的存在与舆论研究之间的矛盾。

广告舆论是在广告传播过程中形成的舆论，与其他舆论形态有内涵、外延的差异。作为广告舆论客体的广告（商业广告、公益广告、政治广告）内容涉及政治、社会、经济、文化等方方面面，因而广告舆论的主体也不是带有公共性的公众，而是散布在社会中的生活者。从外延上看，广告舆论是在主客体内涵扩展下形成的共同意见，并不明确指向政治，也不一定是基于公共利益的理性思考。这与现阶段对舆论的判断要与与其引发的后果相关的研究取向做出区隔有关。因而，进行广告舆论研究是对早期舆论研究的一种回归与发展。

（二）实现广告研究境界的超越

1. 广告舆论是广告工具理性与价值理性的统一

在市场需求与传播环境变革的双重影响下，广告传播在与受众的互动中不断向社会渗透，促进广告舆论的形成且广泛存在于社会生活中，使广告舆论在广告发展中别具一格。

广告舆论体现了广告的工具理性。广告舆论之所以受到广告实践的重视，是因为广告活动的目的在于改变观点以实现某种既定目标，广告舆论直接反映了广告效果。同时，广告舆论的工具性体现在其服务于引领新的消费时尚，为产品和服务的流行开辟道路。另外，广告舆论服务于激烈的市场竞争，为商品和品牌获得竞争力，以提高商品、品牌的美誉度，提升消费者的忠诚度。

广告舆论也体现了广告的价值理性。广告舆论所代表的不是灌输性的强势性意见，而是受众在互动传播中基于广告内容自觉形成的整合性意见，体现了受众对广告意义的探讨。在广告向社会渗透的过程中，社会意识也在反作用于广告舆论。广告传播产生对社会有益的广告舆论才可以达成广告主塑造良好形象、提升美誉度等目的。广告舆论体现了广告对社会的妥协、协调、继承等，是“广告与社会冲突中逐步自觉形成的一种价值智慧、价值良知”[①]。

因而学者们对广告的价值理性进行倡导。广告舆论本身就是广告工具理性与价值理性的统一，进行广告舆论研究不仅可以促进广告的良性可持续发展，也可以促进人类社会文明与进步。

2. 广告舆论形成机制研究是广告社会功能研究的重要路径

广告的社会功能得到学界的普遍认同。广告经营影响媒介内容，广告还在发展中衍化为媒介内容。基于媒介的公共属性，广告同样也要承担建构社会公共领域的责任，对于政治与意识形态、文化与价值导向、生活方式等都存在影响。但是，广告的社会功能及作用机制又与其他传播模式存在差异。研究广告社会功能与作用机制要引入社会学中的社会功能分析范式来观照广告传播过程及特性。

社会功能研究主要指引起特定后果的机制研究，区别于引起的实际后果的效果研究。广告舆论是广告传播的结果之一，是在广告传播过程中形成的，既能体现广告传播主体、内容、路径的特性，也可以反映公众对于广告信息进行消化、整合与趋同的互动沟通。广告传播的目的在于对认知、情感和行为的改变，广告舆论不仅体现了广告传播对生活者认知与情

---

① 柳庆勇：《从工具理性到价值理性：广告与社会关系的重大调整》，《国际新闻界》2012年第3期。

感的改变，也在舆论社会控制功能的发挥下一定程度上引发生活者行为的改变，是对广告效果的一种完整反映。其形成机制可以最大限度反映传播主体的主动引导与生活者的主动解读，既能检验广告社会功能的存在，又可以说明广告社会功能的作用机制。因而广告舆论的形成机制研究是广告社会功能研究的重要路径。

（三）促进广告研究价值的提升

1. 广告舆论研究为广告活动寻求由理论到实践的依据

广告舆论研究的意义也在于促进广告效果提升。从经济角度来讲，广告传播是引发和制造消费舆论的关键路径，消费舆论的制造是广告活动的主要任务，这是广告舆论受到重视的原因。

同时，广告舆论也可以反映广告效果。学者在探讨广告传播宏观效果时，直指要防止广告舆论的雪崩现象（张毅莲，2006），担忧的是由广告作品质量引起的广告实效危及商品生命的现象。这种观点也在业界实践中得到体现，即企业恐惧危害性舆论将之视为舆论危机，投入大量资金用于树立企业、产品形象。这意味着，无论是学者还是从业者，都将良好的舆论作为广告效果的评判标准。

对广告舆论的评判为广告创意与策划提供了新的考虑因素与操作路径。但是，现阶段只有少数研究利用舆论学与传播学的相关理论对广告舆论的结构要素进行了解释，缺乏实证研究，也没有系统地对广告舆论的要素、形成机制等内容进行探索，实际操作多以理性经验为依据。深化广告舆论研究可以从学理与实证双重角度来为促进广告舆论形成提供依据，为提升广告效果供给策略。

2. 广告舆论研究为实现社会效益提供路径

现阶段，政府和学界即便略有谈及商业媒体通过舆论吸引高层次消费者及其影响，但没有展开讨论不得不说是一个缺憾。在政治力量之外，资本也会对舆论产生影响（单学刚，2016），影响舆论社会效益的发挥。

商业解决了促使广告舆论形成的动力问题。中国公益广告运作与发展长期存在的问题就在于缺乏动力机制，但商业广告并不存在这一困扰。在商业意图下，广告与舆论的互动与渗透式发展是自觉的。商业力量较之政治力量甚至更加外露与强势，覆盖了人类社会生活的方方面面，尤其是在塑造消费文化等方面占有极大优势。例如，《中共中央关于制定国民经济和社会发展第十三个五年规划的建议》提出引导消费朝着智能、绿色、健康、安全方向转变的目标。论及这一目标的实现途径，商业广告的力量显然比公益广告更为强大。大众被无所不在的商业广告所塑造的消费文化所包围，这种被塑造的消费文化已成为意识形态，不能不引起研究者的重视。因而，传统舆论研究的既有框架，由于新力量的加入，并不完全适用于广告舆论，只有更新理论，才可以为实现广告社会功能做出指导。

八　结论与展望

广告舆论研究是媒介市场化和广告行业发展背景下的必然，通过文献计量学分析与文献综述可以证实，相关研究的文献数量较少，研究内容与观点过于集中，这均与研究发展的背景有关。同时，本文对广告舆论研究进行反思，认为研究取向重效果而忽视本体，造成了对广告舆论的误读，与对广告与舆论关系的理解偏差；治理路径重管理而忽视问题根源，导致学者与受众对广告的泛政治化解读，且治理效果不佳；研究方法重经验总结轻理论建设与实证，局限了研究视野与降低了研究价值，缺乏基础性研究。并在对国外相关研究的归纳下，认为中国广告舆论研究应重视本体与结构性要素的实证研究、转为合理利用的研究取向、导入社会学的宏观考察体系。在此基础之上重新审视了广告舆论研究的价值，既是对早期舆论研究的回归与深化，又是在观照广告价值理性与广告社会功能下对广告研究境界的超越，同时也为增加广告活动效果与实现广告社会效益提供由理论到实践的依据。

广告舆论研究需要学者们进行更多的基础性研究，建设理论框架。具体来说：（1）明确广告舆论的内涵与外延；（2）分析广告活动生成导向、影响意见、促使舆论形成的动态机制（广告舆论的形成机制）；（3）解析广告舆论与广告效果的互动关系；（4）挖掘广告舆论与社会功能之间的关系，以寻求良性循环的动态发展。从学理层面，这些研究既为理解广告提供新的解释框架，也可以延伸舆论研究以应对动态的现实变化。从实践层面，研究可以为广告效果提升提供理论依据，也可以为监管工作制定操作规范，利用互动机制寻求促进社会效益实现的新的广告研究发展。

参考文献

[1] 陈力丹：《舆论：感知周围的精神世界》，上海交通大学出版社，2003。
[2] 陈相雨：《广告舆论虚伪本质的批判分析》，《当代传播》2017 年第 5 期。
[2] 程明：《关于广告传播价值理性的思考》，载《新闻与传播评论》，武汉大学出版社，2014。
[4] 邓惠兰：《广告传播的舆论学观照》，《江汉大学学报》（人文社会科学版）2002 年第 3 期。
[5] 丁俊杰、黄河：《为广告重新正名——从主流媒体的广告观开始》，《国际新闻界》2007 年第 9 期。
[6] 杜俊伟：《从典型著述看国外舆论研究——以 10 种舆论专著和最近 5 年的〈舆论季刊〉为例》，《国际新闻界》2009 年第 2 期。
[7] 冯雅颖：《微博中广告舆论的生成路径及社会影响——以新浪微博为例》，《东南传播》2015 年第 6 期。
[8] 黄国升：《当代广告舆论化现象研究》，硕士学位论文，福建师范大学，2011。
[9] 黄升民、陈素白：《社会意识的表皮与深层——中国受众广告态度意识考察》，《现代传播》（中国传媒大学学报）2006 年第 2 期。
[10] 蒋旭峰：《论广告意识形态》，《国际新闻界》2009 年第 6 期。
[11] 金昌国：《新闻媒体要把社会责任放在首位》，《记者摇篮》2010 年第 7 期。
[12] 晋艺菡、窦佳乐：《广告舆论社会功能的内涵新解》，《新闻大学》2017 年第 6 期。
[13] 李琴：《正确把握广告舆论宣传之我见》，《广告大观》1998 年第 8 期。
[14] 刘泓：《广告学“学科规训”及其知识谱系》，《新闻大学》2006 年第 2 期。
[15] 刘全亮：《强化电视广告舆论引导功能的现实意义》，《当代电视》2016 年第 7 期。
[16] 刘素颖：《广告宣传如何把握正确的舆论导向》，《新闻传播》1992 年第 2 期。
[17] 刘毅：《近 20 年我国舆论学研究进展的知识图谱分析——基于 CSSCI 数据库(1994—2013)》，《情报杂志》2015 年第 5 期。
[18] 柳庆勇：《从工具理性到价值理性：广告与社会关系的重大调整》，《国际新闻界》2012 年第 3 期。
[19] 潘忠党：《舆论研究的新起点——从陈力丹著〈舆论学——舆论导向研究〉谈起》，载《新闻与传播评论》，武汉大学出版社，2001。
[20] 阮卫、周茂君：《广告与意识形态》，《武汉大学学报》（人文科学版）2003 年第

1 期。

[21] 汪新建：《人类行为与社会环境》，天津人民出版社，2008。

[22] 王众孚：《广告要符合精神文明要求》，《广告大观》1996 年第 8 期。

[23]《习近平谈治国理政》第 2 卷，外文出版社，2017。

[24] 杨海军：《广告舆论传播研究——基于广告传播及舆论导向的双重视角》，博士学位论文，复旦大学，2011。

[25] 杨海军：《广告舆论研究的学术价值和意义》，《新闻爱好者》2010 年第 12 期。

[26] 杨海军、阴雅婷：《新媒体环境中的广告舆论生成与网络口碑传播》，《新闻界》2010 年第 6 期。

[27] 查灿长、孟茹：《第四种力量的崛起：网民舆论监督助推新媒体广告行业自律》，《上海大学学报》（社会科学版）2015 年第 3 期。

[28] 张金海、饶德江、刘珍：《略论广告的舆论引导功能》，载《新闻与传播评论》，武汉大学出版社，2001。

[29] 张志红：《公益广告的新闻价值》，《新闻知识》2011 年第 8 期。

[30] 中国人民大学舆论研究所《植入式广告研究》课题组、喻国明、丁汉青、王菲、李彪：《植入式广告：研究框架、规制构建与效果评测》，《国际新界》2011 年第 4 期。

新媒体传播

社交媒体时代环境事件传播的话语分析*

——以新浪微博“雾霾”为例

张　帆**

摘　要： 2016年底，中国出现的严重雾霾天气引起了受众在社交媒体上的热议。基于此次环境传播事件，本研究以网络抓取软件采集到的16571条微博（由于离散系数较大，取评论数的前5%即829条微博）和301100条微博评论为研究对象，通过语义分析和情感分析的研究方法来探求在社交媒体上话语主体的话语建构与受众的话语反馈之间的联系。研究发现，社会公众、媒体平台、公司企业、社会团体、政府机关和高等院校六类环境话语主体分别对应的是生存第一主义环境话语、生态理性主义环境话语、商业主义环境话语、民间关爱话语、行动正面话语和关爱责任话语。其中，受众对政府机关的博文评论中负面情绪比重最高，对社会团体的博文评论中正面情绪比重最高。针对此环境事件传播中的话语反馈，各话语主体应在话语建构中明确功能和定位，以有效引导社会舆论。

关键词： 环境传播　社交媒体　环境话语　话语反馈

环境传播是一种相当务实且有创制力的媒介沟通，帮助我们了解环境以及我们与自然世界间的关系。“环境传播是一种符号中介，我们借助环境传播来建构环境问题，并且居中协调社会对环境问题的不同反应。”（Cox，2006：20）考克斯（2016：12）认为环境传播包含实用主义驱动模式（Pragmatic Vehicle）和建构主义驱动模式（Constitutive Vehicle）。前者

* 本文系生态环境部委托课题“中国环境传播典型案例研究报告”的成果之一。

** 张帆，博士，湖北大学新闻传播学院副教授、硕士生导师。

旨在探索种种涉及环境议题和公共辩论的信息封装、传递、接受和反馈，后者强调借助特定的叙述、话语和修辞等表达方式，进一步表征或者建构环境问题背后所涉及的政治命题、文化命题和哲学命题（刘涛，2009）。长期以来，中国学者对环境传播的研究多集中于建构主义驱动模式，特别是话语主体的议题建构、话语呈现、修辞策略等，而对受众的认知态度和话语反馈尚缺乏较为系统和深入的研究。

一 研究缘起与研究问题

近年来，“雾霾”成为环境传播中的关键词，特别是 2016 年底，严重的雾霾天气更是引起了社会各界的关注和社交媒体上的热议。根据环境保护部的大气质量数据发布平台的 AQI，2016 年空气质量最差的一天是 12 月 19 日，104 个地级市的空气质量指数大于 200，全国各地的人们都戴着口罩匆匆出行，而北京、石家庄、天津、山西等地的 AQI 偏大，甚至已经“爆表”，达到严重污染的级别。环境保护部建议 23 个城市于 2016 年 12 月 16 日启动空气重污染红色预警。这也是中国入冬以来范围最广、持续时间最长、强度最大的一次雾霾天气，多地采取工厂停产、学校停课、企事业单位错峰上下班、机动车单双号限行等措施应对严重污染天气。基于此次环境传播事件，本文旨在通过一项实证研究来探求在社交媒体上话语主体的话语建构与受众的话语反馈之间的联系，为环境话语的主体，特别是为政府部门，提供话语建构的有益策略，从而能够更好地引导网络舆论。具体而言，本文的研究问题有三个：一是不同的话语主体在环境传播中呈现怎样的话语类型；二是受众在不同的话语类型下，呈现怎样的话语反馈，哪些话语呈现负面情感，哪些话语又呈现正面情感；三是针对此环境事件传播中的话语反馈，各话语主体应如何建构话语，应承担怎样的功能和定位以有效引导社会舆论。

二 研究方法

本研究将拥有月活跃用户近 4 亿的新浪微博作为数据采集来源，在

“微指数”（新浪微博的数据分析工具）平台上以“雾霾”为关键词，搜索其在2016年6月1日至2016年12月31日的热议程度。搜索结果如图1所示，2016年12月4日至2016年12月12日和2016年12月18日至2016年12月24日，在新浪微博上形成两波热议“雾霾”的舆情。但是，第一波舆情多来自移动端，而第二波则兼具PC端和移动端，为了能够使考察主体更加多元化，本研究选择第二波舆情作为研究对象。

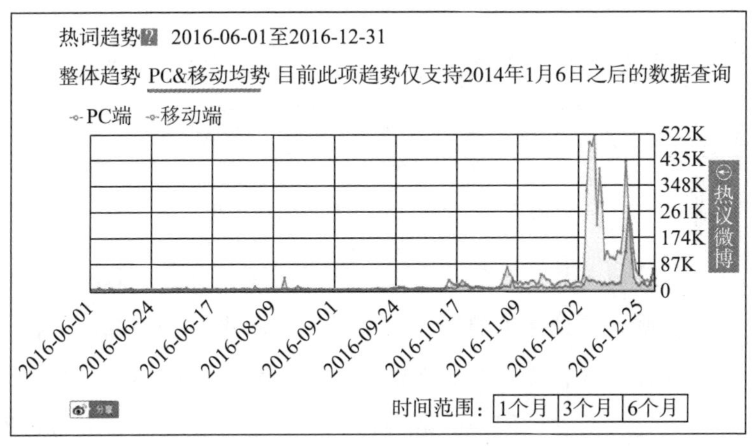

图1 在“微指数”平台上以“雾霾”为关键词搜索结果的网页截图

本研究运用网络抓取软件，采集新浪微博上2016年12月18日至2016年12月24日发布的含有“雾霾”的博文及其受众评论信息。由于新浪微博屏蔽了外部爬虫的抓取频率，对于超过一周的微博关键词搜索，只能显示50页的内容，为了使样本量尽可能接近于全样本，本研究以小时为搜索单位，分为微博账号、微博内容、发布时间、发布平台、评论数、评论内容、转发数、点赞数、微博链接、粉丝数等类目，共采集到37736条关于“雾霾”的微博。因为本研究将受众的话语反馈作为其中一个重要的研究议题，所以删除评论数为零的微博，得到16571条微博。如图2所示，由于抓取相关微博评论数的离散系数较大，本研究取微博评论数的前5%（829条）作为研究样本，其评论数占总体的75%，共计301100条。

语义分析是评估社交网络中大量信息流的结构和意义、自然语言界面、在线人类行为、网络传播等的有用分析工具（韩纲、朱丹、蔡承睿、王文，2017）。本研究将话语主体分为社会公众、媒体平台、公司企业、

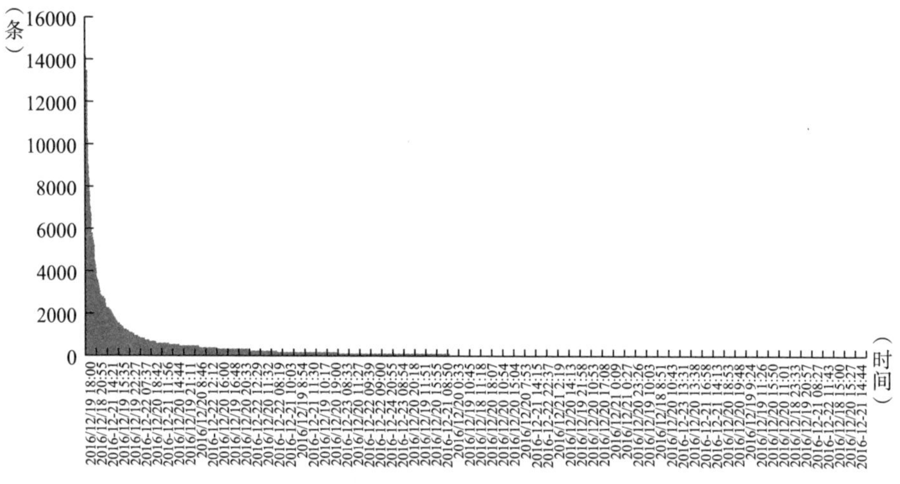

图 2　受众微博评论数的数据分析

社会团体、政府机关和高等院校六类，运用语义分析法探究不同话语主体的微博发文和受众评论在关键词、使用频率、同步词汇等方面的特点和关联。在社交媒体时代，受众在社交媒体上不仅获取新闻信息，行使公共表达权，而且在这一公共空间中的情绪化表达普遍存在。本研究将借助文本情感分析软件研究受众对不同话语主体微博发文的话语反馈中的情感表达特征。

三　话语主体在环境事件传播中的话语类型与话语反馈

在研究样本中，如图 3 所示，社会公众的微博发文最多，占到总数的 62.61%，其次是媒体平台（28.71%），公司企业、社会团体、政府机关和高等院校的微博发文较少，比例分别为 3.26%、2.65%、2.41%和 0.36%。

针对以上六类话语主体的环境话语，受众通过微博评论进行了话语反馈。本研究采用计算机辅助内容分析法对 301100 条评论进行分析。经过数据清洗之后，从图 4 可以看出，社会公众平台上微博发文获得的评论量最多，占 52.93%，而占微博发文总量 28.71% 的媒体平台获得了 41.01% 的

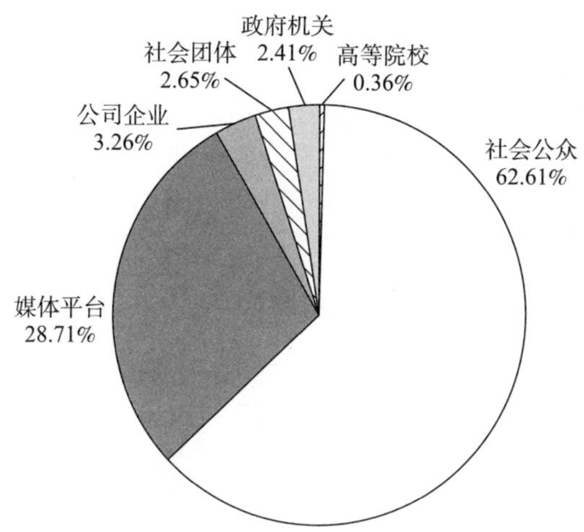

图 3　各话语主体发布微博的数量比例

评论量，评论率是最高的。政府机关和公司企业发布博文获得的评论量均为 2.09%，话语主体社会团体获得了 1.66% 的评论量，高等院校所发博文获得的评论量最少，仅占 0.22%。

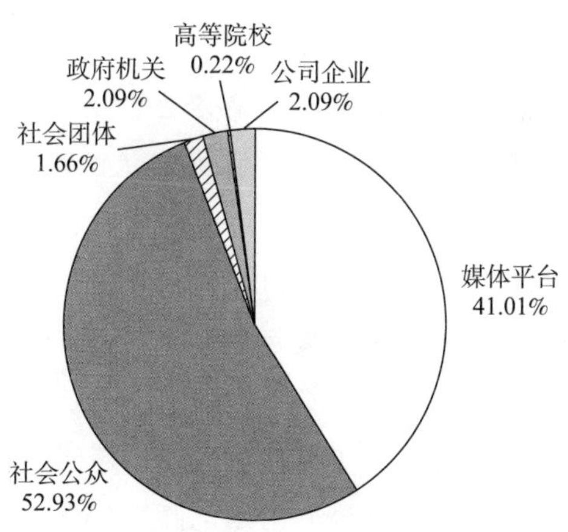

图 4　各话语主体发布微博所获评论数量比例

与以往对受众话题总量、使用词频、文本内容的研究不同，本研究将运用文本情感分析软件透过受众表层话语深入分析其中隐含的正面和负面情感。如图 5 所示，在六类不同话语主体的话语反馈中，受众对社会团体、高等院校、公司企业和社会公众的博文评论中，正面情感是大于负面情感的，而对政府机关和媒体平台的博文评论中，负面情绪是大于正面情绪的。

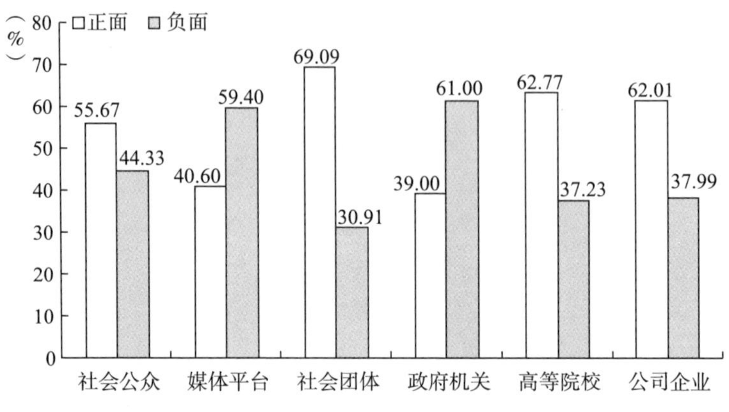

图 5 各话语主体博文评论的情感分类比例

（一）社会公众的生存第一主义环境话语及话语反馈

社会公众包括微博名人、微博达人、微博普通会员等。通过语义分析，如图 6 所示，社会公众在“雾霾”相关微博发文中同步使用频率靠前的五大关键词分别为北京、停课、污染、天气和空气，结合这五大关键词的语义网络，社会公众的环境话语强调的是雾霾天气对公众生活、学习和工作的影响，建构出一个危机四伏的环境前景，诸如严重空气污染下的城市景观消失不见、红色预警频发、中小学生停课放假、车辆限行、身体健康状况下降、戴口罩出行等，凸显人类生存环境面临的严峻挑战，敦促政府治理环境污染、教育局对尚未停课的学校进行处理。

值得注意的是，社会公众除了陈述现象外，还倾向于采用戏谑的话语策略来建构生存第一主义环境话语，比如“偶遇”系列和“灵异恐怖”系列，前者的基本句式为“在雾霾严重的（地点）偶遇（明星名），还合了影，真的好开心”（在雾霾严重的长春偶遇景甜，还合了影，真的好开心），下面配一幅在雾霾笼罩下什么也看不清的图片；后者的基本句式为“雾霾天的晚上我都不敢出门了，这灵异的画风出去一趟会被吓尿的”，下面配一幅在雾霾笼罩下晚上路上行人的图片。

在受众对社会公众所发博文的话语反馈中，正面评论占到 55.67%，

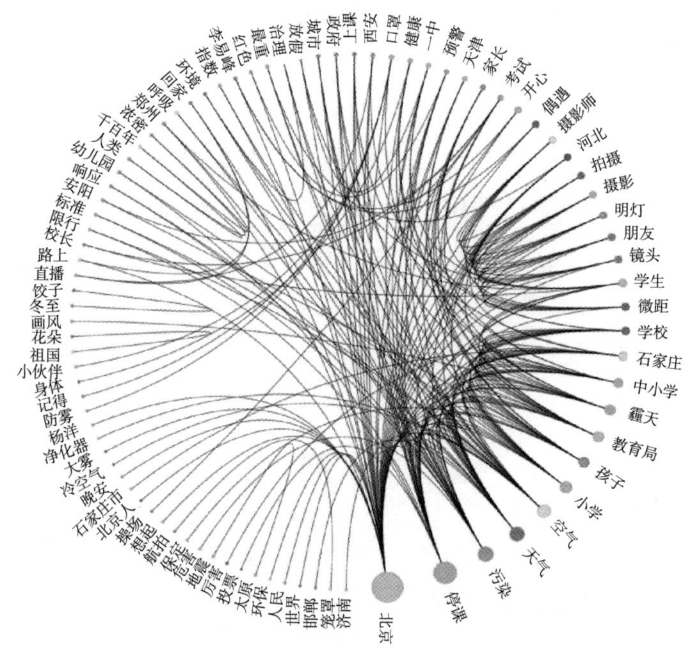

图 6　社会公众微博发文中“雾霾”相关关键词同步出现语义网络

从图 7 可以看出，正面评论中出现的高频词为停课、石家庄、孩子等。通过对评论原文的对照分析，含有高频词“停课”“孩子”的评论内容主要是网民赞同并呼吁政府相关部门在严重雾霾天气下为孩子们停课。评论中的高频词“石家庄”主要是在“石家庄雾霾严重，中小学该不该停课?”投票话题下产生，网民积极参与互动，并投给了“为了孩子健康，请停课”这一正面选项。

图 7　对社会公众博文中正面评论的词云

在受众对社会公众所发博文的话语反馈中，负面评论占到 44.33%，通过对图 8 中的高频词进行分析，我们可知在含有高频词“污染”“空气”

的评论中，网友对污染空气的种种行为表示谴责，对重雾霾天气持续、大范围的影响不满。随着重雾霾天气的持续，除北京、石家庄等城市外，其他城市的空气质量也普遍受到影响。网友对在严重雾霾天下生活和工作的自己和他人表示出怜悯，特别是对雾霾天下还要继续上学、考试的孩子表示同情，因此“孩子”“学校”“老师”“停课”在词云中出现的频率也较高 。受众在含有“政府”的评论中出现了群体极化现象，一方面是受众对某些政府部门的治理不力和不作为感到失望和悲伤，另一方面是对部分网民不从自身找原因，只知抱怨而无行动，一味将责任推卸给政府而感到失望和不满。

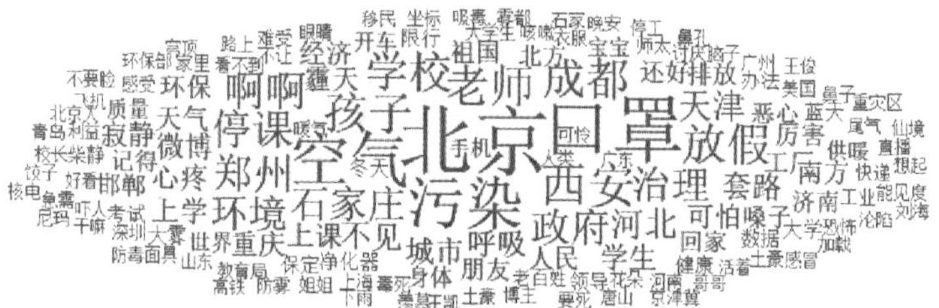

图 8　对社会公众博文中负面评论的词云

（二）媒体平台的生态理性主义环境话语及话语反馈

媒体平台包括传统媒体平台、新媒体平台等。通过语义分析，如图 9 所示，媒体平台在“雾霾”相关微博发文中同步使用频率靠前的五大关键词分别为污染、空气、霾天、天气、河南。在语义网络中，通过分析这五大关键词的同步出现词，我们可以发现同社会公众的环境话语相似，媒体平台也在微博发文中呈现了重雾霾天气对“京津冀”“石家庄”“山西”等地民众带来的在生活、工作、学习和身体方面的不良影响。此外，在媒体平台的环境话语中还强调了政府部门的“治污”、专家学者的“辟谣”和冷空气作用下的雾霾“消散”。与生存第一主义环境话语所描述的“危言耸听”不同，生态理性主义话语承认工业无限扩张以及工具理性的无限推崇的确带来了诸多棘手的环境难题，甚至危及人类社会的公共健康和公共安全，但是更为重要的是，环境问题可以在工业社会既定的政治经济框架下借助行政、民主与市场的方式予以平稳解决（刘涛，

2011）。

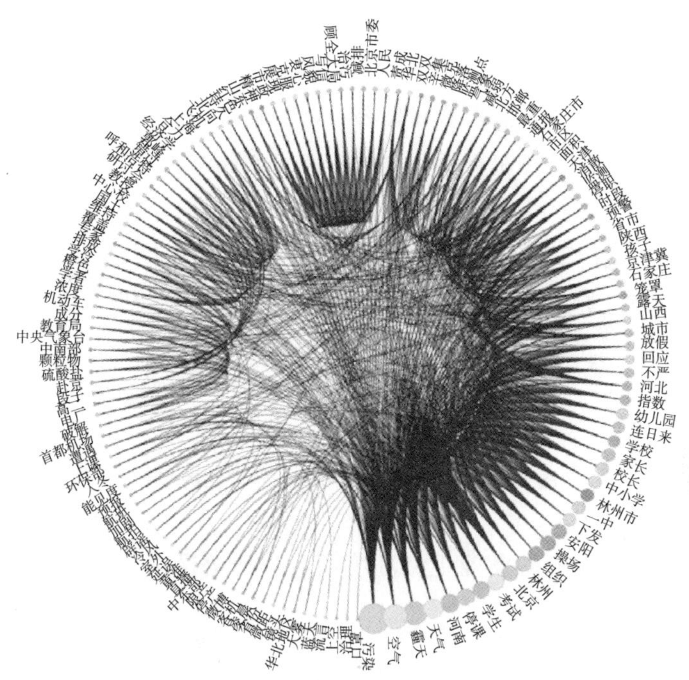

图 9　媒体平台微博发文中“雾霾”相关关键词同步出现语义网络

在受众对媒体平台所发博文的话语反馈中，正面评论占到 40.60%，从图 10 可以看出，高频词“投票”“芒果”“口罩”的出现，主要是因为媒体平台芒果 TV 有超过 300 多万的粉丝数量，在其发起的投票“你最喜欢哪位爱豆的口罩 Style?”活动中，吸引了大量网民参与互动投票。在评论中，粉丝纷纷为自家偶像的口罩款式点赞，带有很强的娱乐倾向。

图 10　对媒体平台博文中正面评论的词云

在受众对媒体平台所发博文的话语反馈中，负面评论占到 59.40%，高频词包括校长、学校、考试、孩子等（见图 11）。话语主体新浪河南发起的“安阳 400 多孩子#顶着雾霾考试#，你怎么看?”投票活动和今日微博头条发起的“400 多孩子#顶着雾霾考试#，你怎么看?”投票活动吸引了广大网友的参与，孩子们顶着雾霾天考试的环境事件再次引起了网友们的集中不满，网友们纷纷谴责学校和校长的不负责任。

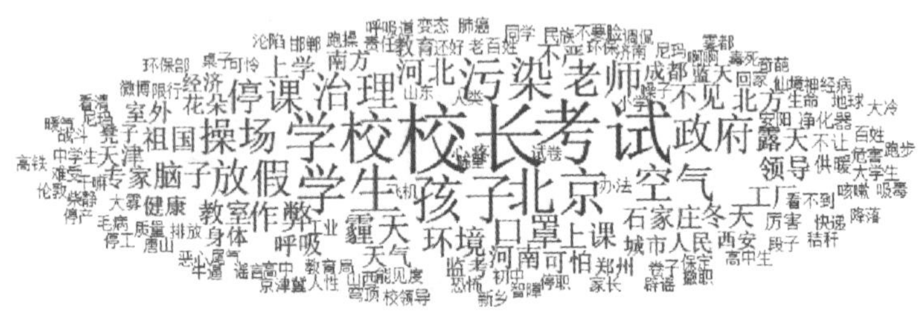

图 11　对媒体平台博文中负面评论的词云

（三）公司企业的商业主义环境话语及话语反馈

与社会公众和媒体平台相比，公司企业的“雾霾”相关微博发文数量明显减少，仅占总体微博发文量的 3.26%，凸显出商业主义的环境话语，主要表现为以下两点。一是公司企业通过寻找用户在雾霾环境下的需求，借助微博平台的大数量级流量做产品推广，如公司企业“饿了么”以重雾霾天气人们应尽量减少外出为契机，推出“有雾霾，叫外卖”的微博内容，以增加公司的外卖业务。公司企业“小米空气净化器”以用户在雾霾天气急需空气净化器为契机，推出“转发此微博图评你现在所处的周边空气照片，10 个#米家空气净化器 pro# F 码随机送”活动，以增强品牌知名度。二是利用“雾霾”契机，传达对环境的关心，以提升公司企业形象，如“穷游网”号召网民晒一晒蓝天的照片，通过与现实雾霾天的对比，提升大家对环境保护的意识，呈现一种对环境负责的公共形象。

在受众对公司企业所发博文的话语反馈中，正面评论占到 62.01%。如图 12 所示，出现高频词“饺子”“冬至”主要是因为有很多公司企业为了增强用户黏性在微博发文中提及“冬至快乐”“吃饺子”等内容。“哥哥”“马天宇”主要是因为公司企业“慈文传媒”在博文中提及了由其出品的电视剧《凉生，我们可不可以不忧伤》和饰演“凉生哥哥”的马天宇，引起大量粉丝在评论中发声。同样，话语反馈中的环境话语减弱，而粉丝话语凸显。

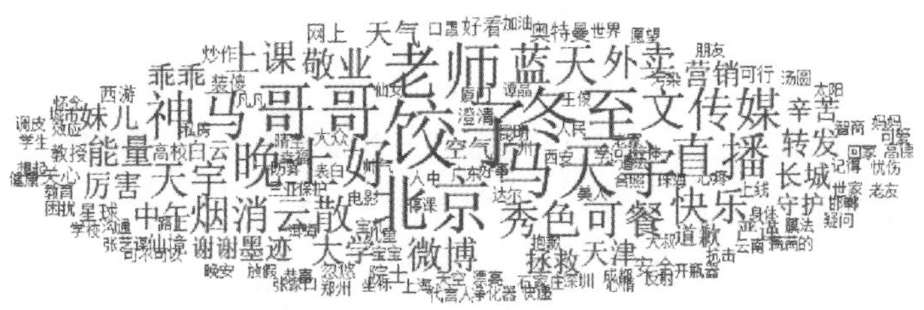

图 12　对公司企业博文中正面评论的词云

在受众对公司企业所发博文的话语反馈中，负面评论占到 37.99%。如图 13 所示，“外卖”“口罩”成为高频词是因为话语主体“饿了么网上订餐”发布的博文“有雾霾，叫外卖”收到网友们的负面评论，一方面是网友吐槽饿了么的服务质量，另一方面是认为公司企业并没有给予员工应有的关心，既没有给外卖小哥配备口罩，也没有减少外卖小哥的接单量，相反，公司企业只是从商业利润出发，鼓励用户在雾霾天叫外卖以减少出行，而忽视自己员工的身体健康。“快递”成为高频词是因为话语主体“如风达快递”在博文中提及近几日华北各地区严重雾霾会导致货物滞留，希望用户可以理解，但是在话语反馈中用户却呈现负面一边倒的态势，与其他快递公司相比，网民对货物破损及丢失、快递延迟过久、客服懒散等问题表示不满和气愤。

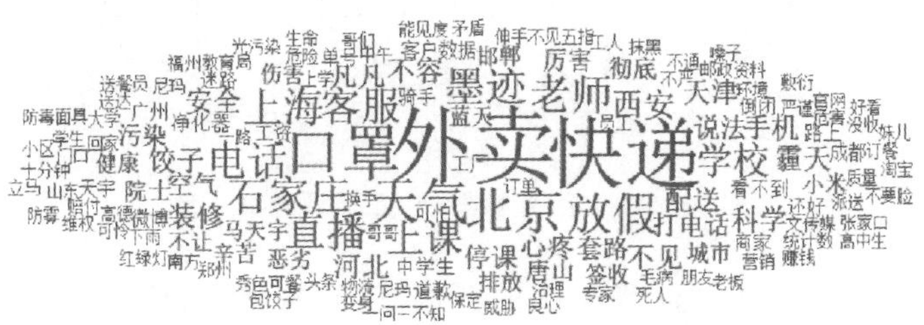

图 13　对公司企业博文中负面评论的词云

（四）社会团体的民间关爱话语及话语反馈

社会团体主要包括明星的粉丝后援会、影视机构、城市同城会等。社会团体成员以团体内的明星节目、影视作品、当地新闻为连接纽带，在团体内传达关爱，如“杨洋投票组”的温馨提示“听说今天大范围雾霾……出门记得戴口罩哦”、“东方卫视天籁之战”的温情表白“#天籁之战# 雾霾天，有天籁替姆陪你”。这种话语策略不再关注复杂环境议题本身，而转向重污染天气下民众之间的相互关爱和陪伴。社会团体的环境话语也增加了更多互动内容，如“周杰伦歌迷网官方微博”发起“用周杰伦的一句歌词来说雾霾”的接龙活动，“太原同城会”发起“太原今冬两大天气套餐（套餐一：无风暖 + 雾霾；套餐二：冷风吹 + 蓝天），你喜欢哪个?”的投票活动，在互动中增强社会团体成员之间的黏性，缓解民众在雾霾天的焦躁和紧张情绪。

在受众对社会团体所发博文的话语反馈中，正面评论占到 69.09%，是六类话语反馈中比例最高的，如图 14 所示，“太原”“同城”“投票”“套餐”“冷风吹”“蓝天”能够成为高频词主要是因为网民参与了“太原同城会”发起的投票“太原今冬两大天气套餐（套餐一：无风暖 + 雾霾；套餐二：冷风吹 + 蓝天），你喜欢哪个?”活动，大部分网友选择了套餐二。“杨洋”能成为高频词主要是因为杨洋的粉丝后援团“杨洋投票组”在热门电影《三生三世十里桃花》上映后积极参与评论互动，在话语反馈中环境话语逐渐淡化，转而凸显出极强的粉丝话语。

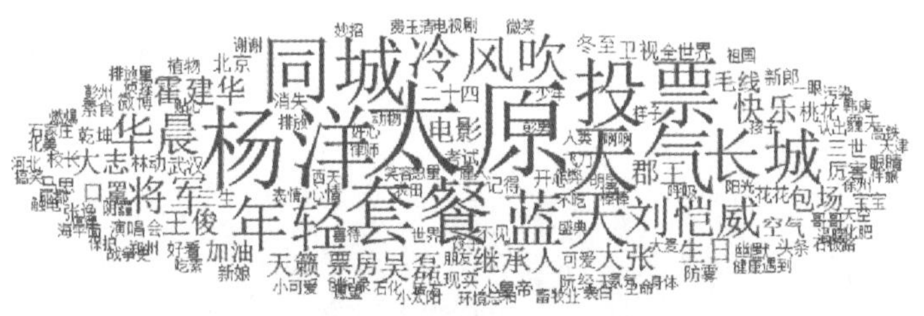

图 14　对社会团体博文中正面评论的词云

在受众对社会团体所发博文的话语反馈中，负面评论占到 30.91%，是六类话语反馈中比例最低的。如图 15 所示，与社会团体的民间关爱话语相对应，在评论中网友纷纷提及“口罩”，包括雾霾严重提醒社群内成员戴口罩、口罩是否能隔离雾霾、因雾霾天口罩快递延迟到货等。由于社会团体主要包括明星的粉丝后援会和影视机构，粉丝主体多为青年学生，在话语反馈中再次集中表达了在雾霾天校长坚持让学生在露天操场考试的愤慨。

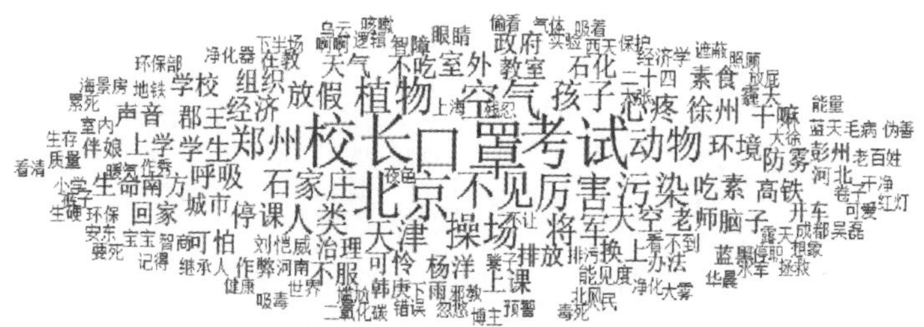

图 15　对社会团体博文中负面评论的词云

（五）政府机关的行动正面话语及话语反馈

政府机关主要包括公安局、教育局、气象局等相关部门，其与“雾霾”相关微博发文数量仅占总体的 2.41%。在话语建构方面努力形塑政府机关在重雾霾天气积极行动的正面形象，凸显政府工作人员的治霾作为和暖心服务，发起“#全力治雾霾#”“#抗霾进行时#”“#聚焦环保一线#”等话题，强调重污染天气的情况好转，主要话语有中国地震台网速报的“终于没有雾霾了”、气象北京的“雾霾逐渐减弱消散”、南阳市教育局的“南阳空气质量指数为：72，良！”、北京发布的“今夜雾霾散，明晨蓝天归”和“本市多措并举治雾霾，初见成效”等。

在受众对政府机关所发博文的话语反馈中，正面评论占到 39.00%，是六类话语反馈正面评论中比例最低的，高频词包括环境、蓝天、空气、北京等（见图 16）。评论中包含高频词“环境”的内容有网友呼吁爱护环境，为环境保护出谋献策，希望政府能够对环境实现有效治理，等等。高频词“蓝天”“空气”显示出网民在雾霾之下更加向往蓝天，珍惜清洁空气，纷纷在评论中晒蓝天照片，谈及拥有好空气的城市和地区，期盼冷空气的到来，关注空气治理。

在受众对政府机关所发博文的话语反馈中，负面评论占到 61.00%，高频词包括北京、污染、停课、空气、治理等（见图 17）。网友对车辆限行、工业污染治理不力、雾霾治理收效甚微等表现出不满情绪，认为某些政府在雾霾治理中存在避重就轻之嫌。

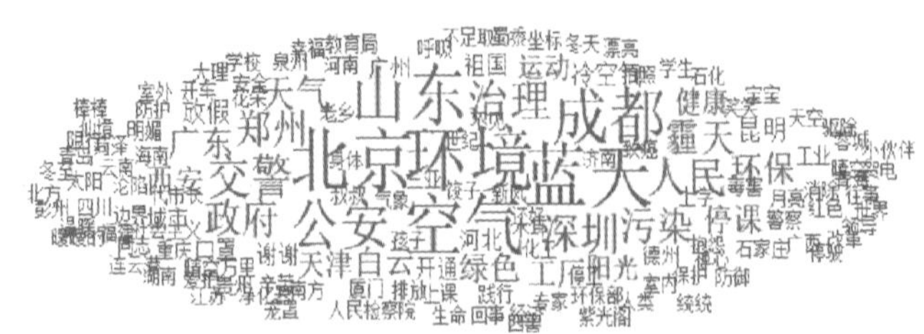

图 16　对政府机关博文中正面评论的词云

图 17　对政府机关博文中负面评论的词云

（六）高等院校的关爱责任话语及话语反馈

相较于其他话语主体，高等院校与“雾霾”相关微博发文数量最少，仅占总量的 0.36%。与社会团体的民间关爱话语类似，高等院校在话语建构中也体现出对学生的关爱，比如话语主体“微博校园”发起“#雾霾下的校园#你们学校那里雾霾大吗？学校有什么措施防护吗？”的互动话题。与社会团体不同的是，高等院校在博文中还彰显出责任话语，比如澄清有关雾霾谣言，并鼓励学生转发辟谣。

在受众对高等院校所发博文的话语反馈中，正面评论占到 62.77%，高频词为谣言、辟谣、知识等（见图 18）。作为话语主体的“江苏经贸团委”转发了《2016 谣言大汇总！一起转发辟谣，2017 别再信》的博文，引发了学生群体的关注和积极发声。作为知识群体，学生在评论中纷纷呼吁“谣言止于智者”，希望受众用知识辨识谣言，驳斥雾霾谣言。

在受众对高等院校所发博文的话语反馈中，负面评论占到 37.23%，结合图 19 和评论原文可以看出，作为话语反馈的主体，学生对学校在重雾霾天气没有停课、没有采取任何行动表示无奈和不满。高频词“谣言”“随便”“眼见”“传言”显示出学生群体对目前关于雾霾谣言散布现象的不满，警示网民眼见不一定为实，呼吁人们不要不加分辨地随便传播谣言。

图 18　对高等院校博文中正面评论的词云

图 19　对高等院校博文中负面评论的词云

四　话语主体在环境话语建构中的功能与定位

通过对各话语主体的话语反馈分析，我们可以发现，受众的正面评论多集中为呼吁停课、期盼蓝天、希望环境得到有效治理等的愿景话语，而负面评论多集中在对重雾霾天学生依然上课考试的不满、对某些政府治理雾霾收效甚微的失望等。

（一）社会公众中的意见领袖应树立社会责任意识

虽然中国社会公众的公共环境意识仍处于较低水平，但是从本研究的分析结果可以看出，社会公众的发文量和话语反馈量均列六类话语主体之首，在微博发文中建构了一种生存第一主义环境话语。这也说明在社交媒体时代，环境灾难的承受者或弱势群体的话语权得以提升，他们的生存权益得以表达。在话语反馈中，社会公众表达了对相关部门不作为的不满，呈现群体极化现象。作为社会公众中的意见领袖，微博名人、微博达人应该自觉树立社会责任意识，关注环境事件，参与环境事件传播，促进环境问题的解决，首先做到不造谣、不信谣、不传谣，不发布不实信息和偏激言论，确保舆论引导既要及时，也要正确。其次对网民的非理性负面情绪，意见领袖要理性表明态度，积极和自觉地传播正能量。

（二）媒体平台应建构环境议题，连接政府与公众

在此次“雾霾”环境事件传播中，媒体平台的发文量仅次于社会公众，向受众说明了雾霾带来的影响，呈现了政府的治理措施，引用专家话语进行辟谣，这说明在网络时代，社交媒体的环境事件传播极大地提高了环境议题与环境灾难的承受者或弱势群体的媒介“能见度”。从话语反馈来看，媒体平台获得的评论率最高，但是其负面评论高于正面评论，媒体平台的议程设置并没有对公众议程起到显著作用。究其原因，主要是媒体常常将环境风险架构为事件，而不是议题（郭小平，2013：312）。事件导向型的环境报道，通常关注分散的事件而非事件发生的背景，媒体倾向于给受众这样的印象：是个体或者不定的公司法人而非制度上的政治和社会发展应对环境风险负责（汉尼根，2009：85）。因此，媒体平台应主动建构环境议题，而不是一味削弱环境话语，而转向娱乐话语，应通过专业环境记者分析环境事件中的责任主体和制度政策，而不是使用一种将利益群体及非官方主张提出者排除在外的冠冕堂皇的话语（汉尼根，2009：79）。媒体平台应成为连接政府与公众的中介，通过议程设置影响公众议程，对政府决策进行监督，促进环境决策的民主与科学。

（三）公司企业应兼具社会责任和经济责任

通过话语分析可以发现，公司企业在此次环境事件传播中并没有像社会公众和媒体平台那样积极发声，发声的公司企业在“雾霾”环境事件传播中呈现商业主义的环境话语。公司企业敏锐地捕捉到社会公众在严重雾霾天气下的生活需求，并积极推广和营销本公司企业的产品和服务，以获取商业利润。然而，这样的环境话语并没有得到网民的认可，在话语反馈中充斥着对公司企业服务的不满，对公司企业将员工身体健康置之度外的批评之声。因此，公司企业在环境事件的传播中，除了注重经济利益之

外，更要担负一定的社会责任，利用社交媒体平台宣传企业的环保形象和公益形象。同时注重绿色营销，公司企业将自己的产品、服务或企业身份与环境价值观和形象相联系（考斯特，2016：309）。

（四）民间环保组织应传播环境科学话语，提升公众环保意识

从上述分析中可以看出，参与此次环境事件传播的社会团体多为粉丝后援团、影视机构、城市同城会等，而作为生态报道重要消息来源的民间环保组织 NGO 却很少作为话语主体发声。因此，社会团体的发文体现出一种社群间的关爱话语。在社会团体的话语反馈中，正面评论的比例最高，却是粉丝效应的结果，粉丝话语取代环境话语。作为环境事件传播的重要力量，民间环保组织不能缺席。不同于政府机构话语，也不同于专家话语和社会公众话语，民间环保组织是更加注重环境知识的社会群体，它能够为公众提供环境科学话语，为政府决策建言献策，为环境灾难的承受者或弱势群体提供咨询和援助，能够使话语反馈中的负面非理性情绪得以有效遏制。

（五）政府机关应积极发声，主导环境话语

人们对于环境议题与潜在风险将形成政府政策压力及对政治的怀疑（郭小平，2013：308）。然而，从话语主体政治机关的话语建构来看，只是一味强调政府治理行动和释放空气好转信号，面对受众对政府政策和政治的怀疑，某些政府机关，特别是教育部门和环保部门，并没有积极发声，发布博文数量仅占整体的 2.41%，使受众对某些政府的负面评论在多个话语主体的博文评论中同时出现，呈蔓延扩散之势。在环境事件传播中，政府机构应积极发声，利用社交媒体主动设置新闻议程，提供权威信息和数据，阐释治理措施的实施依据，敢于面对受众关注的敏感负面消息，打消受众疑问，主动与其他话语主体合作，建构环境事件在媒体上多层次、全方位的传播体系。

（六）高等院校应积极投身学生环保意识培养，引导高校网络舆情

根据中国互联网络信息中心（CNNIC）发布的数据，截至 2017 年 12

月，中国网民中20—29岁年龄段的网民占比最高（30%），大专及以上网民占比超过 20%（中国互联网络信息中心，2018）。高等院校学生群体成为网民的重要组成部分，也是环境事件传播中的重要参与者，高等院校在微博上的话语建构将对学生群体的话语及反馈产生重要影响。然而，通过图 3 和图 4 可以看出，无论是高等院校的发文量还是话语反馈量都是最少的，在整个传播过程中的影响甚微。在环境事件传播中，高等院校应从大学生关注的议题切入，通过年轻群体的话语方式表达，增强互动，利用视频、音频、图片、漫画等多种传播形态，提升传播效果，激活话语反馈。高等院校应积极利用社交媒体投身学生环保意识培养，对学生群体的非理性表达予以正确引导，使高校学生能够明是非、辨真伪，主动抵制环境传播中的不良信息和言论。

五　结语

本研究通过数据抓取和分析，对在此次“雾霾”环境事件传播中的社会公众、媒体平台、公司企业、社会团体、政府机关及高等院校的微博发文进行了话语分析，并进行了归类和总结。针对生存第一主义、生态理性主义、商业主义、民间关爱、行动正面、关爱责任环境话语，本研究利用情感分析软件和词云对各话语主体的话语反馈进行了情感分析，并探讨了话语反馈与话语建构之间的联系，最后阐释了各话语主体的功能和定位。由于技术和时间限制，本研究对话语反馈的分析仅停留在情感层面，分为正面评论和负面评论两个维度。在后续研究中，可以将话语反馈的分析拓展到情绪层面，借助“情绪状态量表”（Profile of Mood States），从紧张、沮丧、愤怒、活力、疲劳、困扰等层面扩展（Bollen，Pepe and Mao，2009），再依据内在因素、外在因素和情景因素分类而构成的情绪指标深入分析情绪引发原因（Izard，1984）。只有对受众话语反馈中的隐藏情感进行详细而深入的分析，才能准确把握情绪的类型及成因，才能为各话语主体的话语建构策略提出更加有益的建议，更加有效引导环境事件传播中的舆论。

参考文献

[1] 韩纲、朱丹、蔡承睿、王文，2017，《社交媒体健康信息的语义分析：以推特上癌症相关推文为例》，《国际新闻界》第4期。

[2]〔加〕汉尼根，约翰，2009，《环境社会学》，洪大用等译，中国人民大学出版社。

[3]〔美〕考克斯，罗伯特，2016，《假如自然不沉默：环境传播与公共领域》，纪莉译，北京大学出版社。

[4] 刘涛，2009，《环境传播的九大研究领域（1938—2007）：话语、权力与政治的解读视角》，《新闻大学》第4期。

[5] 刘涛，2011，《环境传播：话语、修辞与政治》，北京大学出版社。

[6] 郭小平，2013，《环境传播：话语变迁、风险议题建构与路径选择》，华中科技大学出版社。

[7] 中国互联网络信息中心，2018，《第41次〈中国互联网络发展状况统计报告〉》，http://www.cnnic.net.cn/hlwfzyj/hlwxzbg/hlwtjbg/201803/t20180305_70249.htm，最后访问日期：2018年3月28日。

[8] Bollen, J., Pepe, A. and Mao, H. 2009. "Modeling Public Mood and Emotion: Twitter Sentiment and Socio-Economic Phenomena." *Computer Science* 44 (12): 2365 - 2370.

[9] Cox, R. 2006. *Environment Communication and Public Sphere*. London: Sage Publications.

[10] Izard, C. E. 1984. "Emotion-Cognition Relationships and Human Development." In *Emotion, Cognition, and Behavior*, edited by C. E. Izard, J. Kagan, R. B. Zajonc. New York: Cambridge University Press.

会议综述

中国新闻史学会应用新闻传播学研究委员会“2017年中国应用新闻传播论坛”会议综述

张　萱*

2017年10月28日，湖北大学新闻传播学院办学30周年庆典暨中国新闻史学会应用新闻传播学研究委员会“2017年中国应用新闻传播论坛”在湖北大学新闻传播学院召开。

论坛由中国新闻史学会应用新闻传播学研究委员会主办，湖北大学新闻传播学院承办，《新闻大学》编辑部、《现代传播》编辑部和中国传媒大学出版社协办。论坛召开之际，正值湖北大学新闻传播学院办学30周年庆典，来自全国40多家新闻院校和10多家媒体的近百位学者与记者出席会议。

会议为期两天（2017年10月28—29日），共由五个主题板块构成，分别为2017年中国应用新闻传播十大创新案例颁奖仪式、获奖代表主题演讲、学术论坛、湖北大学新闻传播学院院刊《文化与传播研究》首发式、院长论坛。

会议开幕式由新闻传播学院院长廖声武教授主持，湖北大学校长赵凌云教授致欢迎词。赵凌云对学界和业界的专家学者代表们云集湖北大学表示热烈欢迎，他表示，湖北大学新闻传播学院作为中国新闻史学会应用新闻传播学研究委员会的常务理事单位之一，承办这次会议对促进湖北大学新闻传播学科的建设发展会起到积极作用。

应用新闻传播学研究委员会会长、中山大学传播与设计学院院长张志

* 张萱，博士，湖北大学新闻传播学院副教授、硕士生导师。

安教授在开幕式上致辞。张志安教授介绍，本次论坛将发布应用新闻传播十大创新案例。“应用新闻传播十大创新案例评选”本身带有很强的创新色彩。学会既关注传统意义上新闻媒体的实践，更关注新新闻生态下泛新闻领域新行动者的探索；既评选新闻或泛新闻内容的生产，更关注与新闻相关的技术、产品、创意、算法和传播等一切环节的创新。

开幕式结束后，首先进行的是会议第一个主题板块，2017 年中国应用新闻传播十大创新案例颁奖仪式。人民日报社新媒体中心、新华网、浙江日报报业集团、今日头条、澎湃新闻、梨视频、上海发布、新京报我们视频、封面新闻、财新传媒数据新闻中心十家媒体获奖。

应用新闻传播学研究委员会名誉会长、武汉大学新闻与传播学院教授罗以澄对获奖仪式进行了总结。他说，此次创新案例由中国新闻史学会应用新闻传播学研究会评选，反映了国内媒体在融合生产和技术创新中的前沿探索，具有很强的引领性和示范性。

会议第二个主题板块是“十家获奖单位媒体负责人主题演讲”。

浙江日报报业集团副社长蒋国兴、人民日报社新媒体中心副主任刘晓鹏、上海发布办公室主任丁利民、财新传媒数据新闻中心主任黄晨、今日头条总编辑张辅评、澎湃新闻网常务副总编辑李嵘、梨视频总编辑李鑫、新京报社视频报道部主编刘刚、封面传媒常务副总裁张华、新华网融媒体产品创新中心创意视频负责人魏文彬十家获奖单位的媒体负责人发表主题演讲，各自介绍了在应用新闻传播领域的探索和实践。

浙江日报报业集团副社长蒋国兴以“数据驱动新闻，智能重构媒体”为题，介绍了浙江日报报业集团成立了全国首家“媒立方”系统机构。该机构总投资 1.6 亿元，是集舆情研判、统一采集、多种生成、多元分发、效果评估于一体的新型智能化传播服务平台。

人民日报社新媒体中心副主任刘晓鹏以“跨平台传播穿透力的想象与突破”为题，介绍了有 70 年历史的《人民日报》在转型中的新突破。刘晓鹏将“十九大新闻”作为个案，详细梳理了人民日报社的跨平台“新打法”。通过“两场复盘”和“三个支点”实现了十九大当天单条微博转发超 528 万、单条微博阅读超 2.37 亿的海量传播效果。

上海发布办公室主任丁利民以“‘上海发布’是一个怎样的存在”为

题，介绍了影响力居于全国省区市第一名的上海发布在管理和运营方面的经验，通过“创新理念讲好政务故事”“民生视角助力政策落地”“高频刚需吸附用户”等具体方式，塑造了省级政府网上“发言人”的角色。

财新传媒数据新闻中心主任黄晨以“数据新闻：前进中融合，融合中创新”为题，讲述了财新传媒数据新闻发展的五个阶段和里程碑报道，以及最新的数据库产品——财新“数据 +”。未来，财新的数据新闻将同步于财新正在实施的全面收费战略，将优质、独家的数据新闻作品纳入收费产品体系中。

今日头条总编辑张辅评带来了三个专题，分别为“新闻资讯的聚合和智能分发”、“人工智能辅助传统媒体转型”和“算法之问”，通过对三个话题的聚焦为大家呈现了今日头条的运作规则，尤其对算法推荐流程中的文章画像和用户画像进行了详细介绍。另外，张辅评还和大家分享了今日头条的视频矩阵和悟空问答合作案例。

澎湃新闻网常务副总编辑李嵘以“让优质内容更适应互联网传播规律”为题，详细介绍了从《东方早报》转型而来的澎湃新闻，拥有传统媒体的原创新闻客户端、原创新闻平台、不一样的新闻产品三大优势，同时又顺应了互联网在传播渠道等方面的规律，走出一条传统媒体转型的“澎湃之路”。

梨视频总编辑李鑫以“梨视频拍客网络：资讯短视频生产的‘变与不变’”为题，强调了梨视频的关键词是众包和视觉。通过一套加工方式，公众生产的众包内容有了更好的品质；在筛选资讯短视频的技术标准上则更强调视觉力量，即人性、现场感和效率。

新京报社视频报道部主编刘刚原是一位资深调查记者，后来转做时政报道，接着又做视频新闻，他以“新京报‘我们视频’移动端新闻直播的探索和思考”为题，让大家看到新京报的团队从未忘掉初心，依然具备关注重大事件新闻现场的专业能力。

封面传媒常务副总裁张华以“封面新闻的智媒体创新与探索”为题，介绍了封面新闻旨在打造一个融媒体中心，建设一个以封巢为代表、以人工智能为引领、以持续技术创新和持续产品赋能为延展的新一代智媒体系统。同时详细解读了该系统的三个构成部分，即“智能延展平台”“智能内容平台”“智识管理平台”。

新华网融媒体产品创新中心创意视频负责人魏文彬以“融媒时代创意短视频的创新实践”为题，为大家展示了新华网融媒体的几个爆款报道，如《国家相册》系列作品在静态图片中注入新型技术，实现了表达手段、内容要素和移动传播的有机结合。同时，魏文彬还强调了新华网融媒体对技术驱动和创新的重视，不仅体现在新华网融媒体产品创新中心，更体现在新华网融媒体未来研究院上，如在智能汽车上安装传感器、收集驾驶员疲劳驾驶等方面的相关信息，以期在创新应用产品、提升公共服务方面有所贡献。

第二天（2017 年 10 月 29 日），会议的第三个主题板块是同时进行的五个学术分论坛。

论坛 1：新闻传播教育改革与发展研究。该论坛由张萱（湖北大学副教授）主持，张盛（上海体育学院副教授）评议，五位发言者围绕该主题，分别做了相关内容的主题演讲：郭媛媛（首都经贸大学教授、副院长），《五个“三位一体”构建传播学卓越人才培养体系》；陶建杰（中山大学教授），《你爱自己专业吗——新媒体时代新闻学子专业承诺与新闻教育关系的研究》；谢丹（中国传媒大学副研究员），《基于专业认证的新闻专业人才培养改革刍议》；陈娟（华南理工大学副教授、副院长），《我们会有什么样的新闻传播学科——从方法论看新闻传播学科的未来发展》；王娟（天津师范大学讲师），《当代新闻理论教学诉求的思考——谈基于理论与实践互动中的创新教育模式》。

论坛 2：互联网语境下媒介转型与实务创新研究。由陈刚（武汉大学教授）主持，黄月琴（湖北大学副教授）评议，发言者围绕该主题，分别做了相关内容的主题演讲：许正林（上海大学教授），《新语境下的新闻编辑价值取向与知识范式转型》；郑博斐（上海社会科学院助理研究员），《中国语境下新闻事实核查的特点、模式与功能——以腾讯“较真”平台为例》；张世轩（重庆广播电视集团一级播音员），《全媒体生态视阈下新闻主播的融合思维》；付晓静（武汉体育学院教授），《超越门户：资讯分发时代的内容生产》；申楠（西安交通大学讲师），《互联网时代传统媒体生存策略》；牛静（华中科技大学副教授）、黄彩莉（华中科技大学研究生），《基于议题属性层面的微博用户意见表达行为研究》；吴世文（武汉大学副教授），《网络社会史视域下的互联网历史研究：以消逝的网站为例》。

论坛 3：应用新闻传播的理论创新与思考。由杨翠芳（湖北大学教授、副院长）主持，王蔚（上海社会科学院副教授）评议，七位发言者围绕该主题，分别做了相关内容的主题演讲：窦锋昌（复旦大学研究员），《违法形态、违法领域与违法平台——基于 45 起违反新〈广告法〉典型性案件的内容分析》；刘颂杰（中山大学讲师），《2005 年以来报业财政支持政策研究——基于报业市场化改革的视角》；王卫明（南昌大学教授、系主任），《近年扶贫报道的亮点与不足》；赵平喜（三明学院教授、副院长），《当代中国政治传播活动中的主体意识分析——以中国国家主席新年贺词为例》；龚升平（浙江越秀外国语学院副教授），《社会学视角下新闻生产的正说与误解 ——评〈做新闻〉》；黄清源（湖北大学讲师），《伪科学信息在环保事件中的传播路径研究》；李彩霞（山西大学讲师），《去中心化与再中心化：后结构主义视域下的网络剧生产与传播》。

论坛 4：科技创新与文化创意传播的理论与实践研究。由张允（新疆大学教授）主持，王炎龙（四川大学教授）评议，发言者围绕该主题，分别做了相关内容的主题演讲：董广安（郑州大学教授），《物联网传播的伦理风险及其使用边界》；莫智勇（暨南大学副教授），《智能新媒介场景化广告内容互动传播应用探析》；王青（中国矿业大学教授）、常维佳（中国矿业大学研究生），《网络直播下青少年媒介素养的培养》；黄先超（河北师范大学助教），《“智能可穿戴媒介”现状、问题与趋势》；刘佳（山东大学副教授）、褚殷超（山东体育学院副教授），《整合与共融——水浒故里文化产业问卷调研与思考》；黄奇玮（山东体育学院副教授），《城市公共空间视域下广场舞》。

论坛 5：研究生论坛。由聂远征（湖北大学副教授、院长助理）主持，赖黎捷（重庆师范大学教授、副院长）评议，发言者围绕该主题，分别做了相关内容的主题演讲：李超（上海体育学院研究生），《运动员危机事件中的形象修复：策略与借鉴——以“2016 莎拉波娃服用禁药”为例》；邱睦、金妮（湖北大学研究生），《城市文化传播视域下的古旧书店》；柴俊毅（上海体育学院研究生），《全媒体时代下体育媒体工作者的职业流动与转型》；方纯纯（上海体育学院研究生），《全球化背景下如何打开中国的国际话语权》；刘杨祎伊、苏帆、刘毅（贵州民族大学研究生），《数据分析下的人民网和澎湃新闻——1000 万字新闻分析》；张梦心（新疆大学研究生），《新闻采编人员如何应对大数据时代的挑战》；王君立（湖北大学研究生），《融媒体环境下电视旅游节目的创新发展研究》；张雨（上海体育学院研究生），《从“全面二孩”政策的传播看“议程设置”在社交媒体的应用》；万成云（上海体育学院研究生），《媒体的发展与受众认知思维模式的变化》；黄瑶（湖北大学研究生），《“CP 粉丝”的网络空间建构与异托邦想象》；张悦（重庆大学研究生），《宝万并购案的媒介呈现与“野蛮人”治理》；钟丹（湖北大学研究生），《传播学视阈下网络直播乱象治理策略探析》。

分论坛结束后，进行了会议的第四个主题板块，即湖北大学新闻传播学院集刊《文化与传播研究》首发式。应用新闻传播学研究委员会会长、中山大学传播与设计学院院长张志安，长江学者、复旦大学新闻学院执行院长张涛甫，华中科技大学新闻与信息传播学院院长张昆，武汉大学新闻与传播学院院长强月新，河北大学新闻传播学院院长韩立新，广东外语外贸大学新闻与传播学院院长杨魁，新疆大学新闻与传播学院院长张允，华中师范大学新闻传播学院副院长喻发胜，湖北大学新闻传播学院院长廖声武参加了首发式并为《文化与传播研究》剪彩揭幕。

之后，会议举办了“全国新闻传播学院院长论坛”。院长论坛由湖北大学新闻传播学院院长廖声武教授主持。廖声武教授一开场就抛出问题：“传播实践的变化让新闻教育发生变化。教学理念、课程设置都面临重构。教学中，学生要学技术，老师要求学生多学知识，做好储备。到底应该怎么办？”长江学者、复旦大学新闻学院执行院长张涛甫教授开门见山：“我们学院与澎湃新闻、梨视频、上海发布相互合作，将课堂彻底打开，工作坊与课程随时对接。学院平台复新传媒由 100 多名学生进行全媒体运作，复旦新闻中心提供给学生锻炼，为的是让学生把眼界打开，真正接触融媒体时代的新闻传播。”张涛甫还说：“强化通识教育，应该是新闻传播教育基本理念。我们不仅仅强调技术，也着重强调人文底子和批判思维，力争培养专业型、复合型、符合时代发展需要的专业人才。”武汉大学新闻与传播学院院长强月新教授对复旦大学张涛甫教授强化通识教育的理念表示赞同，他着重提出“小步快走说”。“职业主义、专业主义让我们追求真相，但是又受制于外在对新闻传播生产条件的限制，因此我们的教学要认清现实，小步快走，赶上业界的发展。”华中科技大学新闻与信息传播学院院长张昆教授提出新闻教育改革的四大关键点，即以老师为根本、以学生为中心、改善客观条件、营造良好氛围。“一流的老师建设一流的学科，新闻专业老师应该不断学习，将最新的知识带进课堂。不同来源、规格的学生，一定程度上影响了办学水平，但老师要始终将学生放在心中，学生教好了才会有助于学院发展。新闻专业的硬件设施要改善，只有设备齐全，同学们才会得到充分锻炼。在这个基础上，整体氛围营造好了，教师队伍和人才培养的质量才会有大的飞跃。”中山大学传播与设计学院院长张志安教授主要谈到三点。第一，专业设置的重构。“应该减少专业设置，培养厚基础宽口径的人才。”第二，课程体系的重构。第三，培养模式重构。“各种新技术应该成为实践教学的补充，这种情态下，教师对教学应该充满敬畏感。”河北大学新闻传播学院院长韩立新教授提出三个字：真、正、美。他认为新闻教育就是要教给学生什么是真实，什么是很正的职业媒体人，怎么让新闻传播美起来。并倡议学者们到雄安新区发表新闻传播的雄安宣言。广东外语外贸大学新闻与传播学院的杨魁院长认为，他们学校名中有一个“外”字，因此他们的学院定位是全媒体、国际化、特色发展。新疆大学新闻与传播学院的张允院长强调新闻教育应该多元化、多样化和把握机遇。“技术是手段不是目的，所有的技术都是为目的服务。我们立足本地特色，建设了多语种跨语种的学科机制。这样才能成为‘我就是我，是颜色不一样的烟火’。”华中师范大学新闻传播学院副院长喻发胜教授最后一个发表看法，他一开口就问前排两位学生：“什么是新闻？什么是传播？什么是媒介？”在他看来，每个时代都会有关键性概念的重构，正因为这样，也重构了整个时代。

会议闭幕式由应用新闻传播学研究委员会副会长兼秘书长卢家银主持，各分论坛的评议人代表分别对小组论文进行了总结报告。最后，应用新闻传播学研究委员会会长张志安教授致闭幕词。

本次论坛是在学习贯彻党的十九大精神的热潮中举办的，旨在通过讨论，引发思考，促进新闻传播教育理念的变更、人才培养模式的创新，以更好地培养更多的能够适应媒体融合发展、担当党的新闻舆论工作职责使命的新闻传播工作者。

2017中国新闻史学会视听传播研究委员会学术年会综述

江龙军　柴巧霞*

2017年12月2日，中国新闻史学会视听传播研究委员会学术年会在湖北大学召开，本届年会是湖北大学新闻传播学院办学30周年的庆典活动之一，会议聚焦新媒体语境下视听传播研究呈现的新问题、新情况以及新理论，通过工作坊和分论坛并行的方式探讨了视听传播的问题域和新理论，来自全国40多家高校和新闻单位的90多名代表参加了会议。

一　视听内容的文化解读及理论阐释

北京师范大学艺术与传媒学院的张智华教授、武汉大学新闻与传播学院的冉华教授、华中科技大学新闻与信息传播学院的郭小平教授、湖北大学新闻传播学院的罗宜虹副教授分别做了主题发言。其中，张智华教授依据时长对网络影视剧做了划分，并分析了中国短网络影视剧的叙事与视听的特色。冉华教授通过问卷调查的形式，探究了春晚收视与家庭结构、家庭亲密度以及家庭价值观的联系，并对春节期间家庭场域中受众的收视行为做了分析。她认为，春晚不仅是一个仪式，还引导了受众的收视习惯，更为受众提供了一个参与家庭互动的渠道和一个具有归属感的场景。郭小平教授则重新阐释了雷蒙德·威廉斯的“流动的藏私”理论。他认为，通信技术与移动互联网所催生的移动传播“新的流动性范式”，为重新阐释

* 江龙军，湖北大学新闻传播学院教授、硕士生导师；柴巧霞，博士，湖北大学新闻传播学院副教授、硕士生导师。

雷蒙德·威廉斯“流动的藏私”概念提供了新的历史语境与媒介情境。而随着电视时代向移动互联网时代演进，雷蒙德·威廉斯所言的“流动的藏私”，已经从注重外部世界与家庭的关系转向媒介与空间感的建构。在人的“流动性”与“私密性”持续扩张的同时，新媒介技术“挪移”传统家庭经验并重构了“家”作为传统私人领域的意涵。他还提出，手机成为人们随身携带的私人空间，“移动的私人化”逐渐向“私人化的移动”转化，但“流动的藏私”变得“藏而不私”已展示了可见性的风险。罗宜虹副教授对《朗读者》栏目做了解读，认为该节目以传统的文字媒介为传播内容，与电视媒介、互联网媒介携手再现了文字之美，在传媒技术的革新下完成了文字视觉化的转化与融合，文字得以在媒介融合中再现其美妙，并由此实现了文字背后的文化、情感和精神的意义构建。

二　视听传播理论与实践研究

来自武汉大学新闻与传播学院的团队对视听传播中的理论和实践问题进行了研究。其中肖珺以快手自律委员会为研究对象，分析了短视频平台争议内容的在线仲裁机制问题。吴世文对美拍视频中网友自发拍摄的雾霾问题进行了内容分析，发现在这些视频中，个体运用表演式叙事表达抗争，通过生活化叙事把雾霾作为背景或由头嵌入日常生活的场景，通过娱乐性叙事转化或转换雾霾危机，而有关雾霾危机本身或应对危机的叙事比较匮乏。他还认为，上述情形显示个体并未将雾霾作为一种公共危机来对待，而是把雾霾作为一个符号抽离了具体的语境，从而异化了雾霾这一公共危机。余晓莉梳理了故事讲述策略在城市品牌塑造中的价值，采用案例研究的方法，分析了武汉官方城市宣传片中，传播者运用故事讲述策略来传达武汉的城市品牌、城市形象和城市精神的方式。钟娅以 CCTV－7 为研究对象，通过问卷调查和深度访谈的研究方法，分析了农村受众对电视媒介中对农频道的接受程度、满意度与需求，以及 CCTV－7 的传播现状与运营状况。她发现，目前对农频道在市场竞争中所占资源较弱，难以寻求它所应履行的公共服务功能和承担公共传播的责任。

三 视听传播与社会变迁研究

视听传播与社会变迁问题是华中科技大学团队的共同关注点。胡怡和张雪媚以优酷网中气候变化议题的视频及评论为对象，分析了相关议题的呈现框架以及用户反应。余奇敏对《城市梦想》栏目进行了内容分析，发现该节目构建的务工人员的现实处境与其梦想追求存在一定的落差，社会（企业高管）对进城务工人员的梦想表达和爱心帮扶显示出单向性、当下性和替代性满足等特点，节目着力呈现进城务工人员眼前的困难和企业“对口”帮扶的善举，而他们的城市居民身份和价值认同的诉求成了被搁置的梦想。刘锐讨论了网络视频直播研究的方法论问题，主张以网络为方法，对网络视频直播活动的研究中如何获取和保存研究资料、如何与研究对象建立联系、如何恪守研究伦理等诸多问题进行了讨论，指出研究者应处理好粉丝和学者的两种身份的关系，并对“网红”及其粉丝社群负起应有的责任。武汉大学的王琼副教授则分析了《2016 中国数据新闻年鉴》中的数据新闻作品，探讨了数据在新闻中的表达与叙事特点。湖北大学的路俊卫和卢松林对《记住乡愁》的第三季节目进行了内容分析，探讨了融媒体时代电视节目对社会文化记忆的建构问题。他们认为，该节目借助现代信息传播技术，以传统村落展现，在怀旧情境中，倾听古镇传奇故事，见证乡情民愿的文化根基，构建社会文化记忆，挖掘优秀中国传统文化资源，不仅是一次成功的传播实践，也是一种充分展示集体记忆的社会功能和文化功能的美学行为。

来自湖北大学新闻传播学院的研究团队对视听传播的内容拓展与发展路径问题进行了研究。其中，刘宝珍教授以《中国好声音》和《中国新歌声》为例，分析了浙江卫视电视歌唱类选秀节目经营理念；薛梅副教授对当代影视剧中的人性价值观进行了对比观照，提出从心所欲不逾矩的观点；张帆博士和舒翔对数据新闻的视觉框架建构策略进行了研究；何爽博士分析了法国视听媒体上的孕妇形象；陈雨坤探讨了中国传统绘画艺术审美追求在当代播音主持艺术中的运用的问题；张顺军博士分析了大媒体产业视野下的视听广告创新问题。

四　视觉修辞研究

视觉修辞是视听传播的重要理论基石，近年来的研究逐渐增多，暨南大学的刘涛教授、北京工商大学的何艳副教授，四川外国语大学新闻传播学院的刘国强教授，西安外国语大学的杨致远副教授，贵州大学文学与传媒学院的张媛副教授对相关问题进行了研究。其中，刘涛教授从学术史的角度考察了视觉修辞的学术起源和意义机制，他认为，“新修辞学”、“视觉传播”和“学会转型”分别回应了视觉修辞“出场”的理论突破问题、修辞议题问题和机构实践问题。而罗兰·巴特的《图像的修辞》（*Rhetoric of the Image*）、鲁道夫·阿恩海姆的《视觉思维》（*Visual Thinking*）、约翰·伯格的《观看之道》（*Ways of Seeing*）成为视觉修辞起源的三大奠基性成果。视觉修辞的意义，对应于罗兰·巴特所讲的图像符号的含蓄意指。而视觉意义上的修辞“语言”，存在于视觉符号深层的“修辞结构”之中。何艳则追溯了视觉修辞在广告研究中的应用，她认为，视觉修辞应用于广告研究是从 1964 年罗兰·巴特发表的《图像的修辞》开始，通过对广告图像的批判性分析，罗兰·巴特揭示出视觉修辞的意义规则。基于这一基本认识，罗兰·巴特提出重新反思修辞学，从而建立起一种能够对图像、声音、动作等都适用的通往“含蓄意指”研究的普遍修辞学或普遍语言学。而国内对广告修辞学的研究最早的论文是冯丙奇发表于 2003 年的《视觉修辞理论的开创——巴特与都兰德广告视觉修辞研究初探》。冯丙奇系统梳理了国内广告视觉修辞研究的现状、趋势以及可能的发展空间。刘国强从作为隐喻形式的电影与城市意象生产的关系视角对电影的意蕴进行了分析。他认为，电影作为一种隐喻形式主要有三层意蕴，即作为媒介的隐喻，作为影像文本的隐喻和作为视觉符号的隐喻。他提出，作为媒介隐喻的电影，是现代生活中非常重要的文化形式，而风格各异的影院，成为都市文化消费的情感容器和情调象征，电影就是城市生活的一部分，也是现代文化的重要成分。作为影像文本的隐喻，电影就是现实表征和社会认知。电影中的所有场景和符号，都服从于文本生产的需要，以其隐喻意义构成整体。但不管何种修辞格，都构成一种象征性修辞，从而向城市意象生产的心理学或社会学意义敞开。杨致远对罗恩·弗里克的纪录片进行了视觉修辞解读，他认为，凝视在罗恩·弗里克的纪录片中至关重要。被拍摄者凝视镜头的画面成为一种突出的影像，具有鲜明的身份特征的被拍摄者是典型的他者，他们的凝视目光抵制观众对画面的视觉“占有”并破坏“占有”带来的愉悦，带来一种创伤性的视觉体验，为观众提供了一个反思自我身份及电影观看实践中权力机制的空间。他者的凝视引发了凝视在影像文本内部的扩散运动，在形式层面，罗恩·弗里克借助长镜头、高速画面及俯拍等表达及修辞手法，有效地制造出影像对观众的凝视。因而，他的作品围绕着凝视这一核心进行建构，凸显了凝视的辩证法，这既为它们所延续的诗意纪录片传统赋予了新的内涵，又有机融汇了当代批评理论的思考。张媛对少数民族电影中的原型隐喻进行了分析，并试图破译少数民族影片当中的叙事技巧和隐喻建构是如何建构少数民族身份认同的。她发现，一方面，少数民族影片通过对少数民族文化符号展现来寻求自身民族文化身份的认同；另一方面，少数民族影片通过对历史记忆的召唤来建构对国家共同体的认同，在此过程中少数民族的身份认同通过由“母亲”、“家”到“国”的原型隐喻实现了从民族认同到国家认同的顺利过渡。

五　城市传播与视觉实践的研究

以曾一果教授为代表的苏州大学凤凰传媒学院的研究团队，或聚焦网络直播现象，或关注苏州城的仿古城墙，或解读媒介技术，或分析苏州地铁，对城市传播及视觉实践问题进行了系统的研究。其中，曾一果教授借助于戈夫曼和梅罗维茨的“场景主义理论”探讨了网络视频直播场景中女主播的身体表演现象，进而分析了表演者与观众在交流过程中各自的心理和社会诉求，以及网络女主播的身体表演与男性观众的社交行为受到怎样的媒介场景、社会习俗和消费逻辑的权力规约问题。王玉明副教授以苏州仿古建筑中的“相门城楼”为对象，考察和分析“传统意象”的视觉生产与现代转换策略。薛征探讨了德勒兹在影像政治方面的思考，认为运动—影像和时间—影像代表了两种不同的影像体制，在两种影像体制下，电影作为一种精神自动装置也体现出不同的意识形态效果。于莉莉对新技术影像在城市物理空间、城市景观符号空间、城市体验空间三个层面的生产中所发挥的作用以及具体的生产方式进行了研究，认为在城市空间的发展进程中，城市居民通过各种新技术影像与城市空间产生了新的互动，从而使原有的城市物理空间产生了新的意义。郭晓丹以苏州地铁为例，探讨了地铁中的视觉传播在“城市宣传”方面的作用与意义，认为在现代化城市中，地铁的视觉传播能够见缝插针地利用都市人的时间空隙和城市生活的空间缝隙传达信息。

六　媒体融合与传媒技术研究

媒体融合是近年来视听传播研究的一个重点，不少参会者都将研究的目光投向了这一领域。浙江大学的赵瑜教授对广电融合发展的市场与规制张力进行了研究，他认为，目前中国广电行业所遭遇的结构性经营困难，是固有广电市场格局和发展模式，面对新媒体和经济下行所遭遇的整体性调整压力。当跑马圈地式的发展无以为继，市场不再需要也不可能容纳数量巨大而缺乏创造力、生产力的媒体。解决中国电视的结构性问题，不是单一地依靠市场或者规制，而是需要首先反对市场和规制之间不合理的互动，或者说“转型陷阱”。西安交通大学的陈积银教授和王巧以“今日头条”为例分析了智能媒体对传统媒体产业价值链的颠覆与重构，他们认为，以“今日头条”为代表的智能媒体颠覆了传统媒体的内容生产模式、内容传播模式和盈利模式，重构了机器辅助生产内容、个性化分发内容、混合型盈利模式的高度聚合媒体平台。但其中存在的低质信息泛滥、侵权问题严重影响其下一阶段发展，算法技术仍是核心影响因素，内容是聚合用户的原动力，但人性之恶在其中所扮演的角色同样值得我们去深思。只有保证智能媒体产业价值链内容生产平台、传播平台、信息把关、用户、盈利模式、资本运营、政策引导各环节协同一致，才能使其具备真正活力。海南师范大学的曾庆江教授对媒介融合时代城市电视台的新闻生产进行了分析，他认为，可以在充分发挥城市电视台主体性作用的前提下，以“内外互化”的新闻生产方式，借助“外闻内化”和“内闻外化”等方法，巩固城市电视台在新闻竞争中的有利地位。河南大学的高红波副教授对“互联网+”视域下中国电视的改革问题进行了思考，他认为，“互联网+”视域下，中国电视融合转型与公共服务相辅相成。中国电视的媒体融合转型应该与电视公共服务功能连接，全方位体现在内容融合、渠道融合、终端融合、技术融合等各个方面。以媒介融合为方向，以公共服务为目标，为实现中国电视在互联网时代的绿色、健康、可持续发展，探求一种深化改革的可能性路径。西北师范大学的李莉副教授通过马克思对人的“异化”的表述，探析了新媒体语境中视听“异化”的“物化”表达问题，她认为影视是人对自身听觉和视觉的拓展，是人的异化的新发展，影像是人的劳动智慧凝结在媒介中的具体物化形象。武汉市社会科学院的黄骏对社会化媒体下方言短视频的传播模式问题进行了分析，而武昌首义学院的徐皞亮对媒介技术理论视域下 VR 技术的产生动因进行了探讨。

此外，重庆大学的刘海明从“有所不播、尊重隐私、避免低俗、舆论恐慌和临时应变”等方面对广播传播的伦理问题进行了反思。中国人民大学的何天平梳理了 2017 年视频网站与传统电视的竞合态势，并对视听内容的未来发展进路进行了思考。倪乐融从传播仪式观与行动心理学的角度入手，分析了交互式视听内容的生产逻辑：一是由“散落”到“凝聚”的媒介空间重构；二是从“受众”到“用户”的媒介使用者身份变迁；三是由“闭合”到“开放”的叙事策略创新。王晓培对国内外短视频新闻的生产模式进行了研究。

七 影像传播与文化研究

影像传播与文化研究是视听传播的重要进路，这一话题也吸引了很多研究者。中南民族大学的阎思璁教授和阎春来对影像传播的意识形态问题进行了分析，认为大致有三个层面，即发挥政治性的鼓动教化作用，建构文化归属感的仪式典范，挖掘普遍人性共同价值的生活内涵。黄冈师范学院的汪少明教授分析了电影传播的多元化及其意义，认为计算机技术催生了新式媒体和多屏时代，使电影拥有更加广阔的传播媒体和途径，观众看电影与影院发生分裂，更易观赏到心仪的影片，形式和场所也更加外向开放、随意灵活，可以满足小众的个性化需求。丰富多样的电影传播、展映途径，各有适合的受众群体，各有长短优劣，可以相互补充、交叉融合。它延续电影的文化魅力，实现电影的社会价值，对拓展产业链、促进电影营销、多途径回收资本的意义重大。河南理工大学的郜书锴教授以《摔跤吧！爸爸》为起点，通过大数据手段分析，发现印度电影在中国市场火爆的根本原因是释放传统文化的魅力与价值共鸣的空间，并认为中国电影的文化价值在于根植于中华民族优秀传统文化土壤，终极目标是通过提升文化软实力，实现中华民族伟大复兴的中国梦。内蒙古大学的马骐副教授和张玮钰从“泛文化”娱乐节目的背景与现状、文化表征、节目发展的内动力以及未来的出路进行分析，从文化角度分析此类节目兴起的意义。上海师范大学的石力月副教授对“西游”题材 IP 电影的生产和交换价值问题进行了研究，他认为，对于《西游记》原著来说，不断地 IP 化、衍生 IP 化是一个“他者化”的过程，而能够源源不断地通过“他者化”来进行“变现”是“西游”在今天最大的交换价值。它在以不断被生产的方式不断被消解，加之在消费具有高度生产性的体系中，唯收益论日渐具有支配性，各个环节巨大的变现压力使得精雕细琢的生产方式变得越来越不可能，这在一定程度上既是西游 IP 价值稀释的生产性根源，也是今天整个电影市场“烂片当道”的生产性根源。东北师范大学的付淑峦副教授对台湾文化创意产业的相关政策进行了解析。武汉学院的李燕群副教授对跨文化视域下纪录片中的国家形象“自塑”策略进行了探索。湖北大学的刘丽以 2017 年 7 月央视推出的迎接十九大系列电视政论专题片为例，从主题阐释、艺术表达和传播手段三个方面入手，探讨传统电视政论专题片的创新问题，即主题阐释要注重宏观布局和微观谋篇，要凸显政治诉求和问题意识；艺术表达要注重叙事角度和视听语言的创新，塑造亲切诗意灵动的审美品格；传播手段要注重社交媒体时代的传播特点，打造全媒体互动传播。武汉体育学院的邵娟解析了视觉消费视域下的“晒运动”与身体焦虑问题，她认为“晒运动”背后的身体焦虑源自“理想自我”和“现实自我”之间的落差，而这种落差的背后就是视觉消费的权力运作的结果。

此外，兰州大学的王洁从符号学的角度分析了洗衣液广告中呈现的理想女性形象。兰州大学的侯倩从影片色彩、意象等角度分析了电影《塔洛》中的符号隐喻，以及影片的主题与表达意涵。清华大学的梁君健教授和李浚分析了仙侠题材网络 IP 影视作品中的想象世界。他们认为，仙侠网络 IP 剧的想象世界创作中有三个核心要素，即时空规则、社会文化和超级能力。这套想象世界的基本创作规则，不仅为人物和情节提供了叙事支撑，而且本身还成为特定社会文化意义和价值的表意系统，帮助当代青年重新界定和思考身处的现实世界。烟台大学的卜祥剑以《阿凡达》为例分析了虚拟现实技术引起的虚拟身份认同问题。武汉大学的赵红勋对引进模式背景下电视节目创新的价值归属问题进行了分析。华中科技大学的郭小平教授和李晓对央视的“春晚”进行了文化分析，认为“春晚”由于媒介业态的变化、观众影像消费的多元化及其娱乐方式的多样化，正面临着仪式性生产的焦虑，其仪式性观看方式从家庭式转为个人式，仪式体验从沉浸式体验转为娱乐化的消费，仪式神圣性从电视审美转为电视戏谑。虽然“春晚”的仪式依然部分地存在，却成为更广泛意义上“春节狂欢仪式”消费的一部分。郭小平教授和张小芸对美食纪录片中的怀旧建构进行了分析，认为怀旧是流动社会普遍的心理状态，美食纪录片以食物为载体，从美食延展出地理怀旧、民俗怀旧与感官怀旧三个方面，迎合人们由于时空距离导致的不能回归“家园”的失落感，反映现代化生活的液态断裂带给人们的离愁别绪，重构美食与家乡的记忆，塑造饮食怀旧景观纾解人们的心理情绪。湖北大学的张诗琪以《变形计》为例分析了角色置换类真人秀的创意问题。湖北大学的徐琳以新华社《红色气质》为例，分析了党媒微视频在传播内容、传播形式等方面的创新。

与会学者们从视听传播的知识生态、主题活动、多元融合、伦理规范、国际视野，当下视听传播的问题观照，广播电视的转型与发展，视听产业的转型与发展，视听传播与科学技术等诸多领域进行了探讨。湖北大学新闻传播学院的廖声武院长，武汉大学的冉华教授，华中科技大学的郭小平教授，暨南大学的刘涛教授，苏州大学的曾一果教授，湖北大学的胡远珍教授、杨翠芳教授、江龙军教授、黎明副教授、柴巧霞副教授、吴瑶副教授等人分别主持了工作坊和分论坛的学术交流活动，并对相关论文进行了点评。

征稿启事

《文化与传播研究》是湖北大学新闻传播学院主办的学术性集刊，关注国内外新闻传播的重大理论与实践问题，追求多元的学术思想和高质量的学术品位，同时关注当下传媒面临的新问题、新挑战，体现当代传媒发展的新趋势。主要栏目有新媒体传播、政治传播、媒介融合与发展、媒介文化、媒介伦理、社群传播以及环境、健康、食品安全等。

本刊每年定期公开出版。现面向新闻传播学界以及相关人文社会科学研究者征稿。凡探讨新闻或传播问题而未经发表的学术论文，均欢迎投稿。稿件字数为5000~8000字，本征稿启事常年有效。

投稿邮箱：68833300@qq.com，收件人：路俊卫老师。为提高工作效率，来稿请注明“文化与传播研究投稿”。

一、投稿须知：

1. 来稿体裁包括研究论文和书评文章。

2. 论文必须是原创性研究；书评文章宜以当年国内外重要学术著作为评论对象，以5000字为限。

3. 作者务必按本刊的论文体例写作投稿。

4. 来稿一经录用，本刊即享有刊登和出版的权利，作者不得再把作品投稿至其他出版物。

5. 本刊编辑委员会对论文刊登与否有最终决定权。本刊不设退稿服务，请作者自行保留底稿。

二、格式规范：

（一）论文封面

（1）根据匿名评审的要求，有关作者的所有信息只能出现在论文的封面中。封面需注明论文题目和所有作者的姓名、任职机构、职称、联络地址、电话、传真、电邮等。请确保所提供信息的准确性，以便能接收样书。

（2）获得研究基金资助的论文应以“［基金项目］”作为标识注明项目名称，并在圆括号内注明项目编号。基金项目排在作者简介之前。

（二）摘要

摘要包括中文摘要、英文摘要、中英文关键词等。中文摘要以300字为限，应包括研究问题、目的、方法、发现等。英文摘要以450字为限，应包括研究问题、目的、方法、发现等。中英文关键词各不超过5个。

（三）正文

1. 子目

标题位置：置中，用黑体字。子题位置：靠左对齐。

次级子题位置：靠左对齐，以阿拉伯数字（1、2、3……）标示。

2. 段落

每段首行空两格（即第三个字位）。段落之间空一行。正文字体4号宋体，行距1.5倍。

3. 标点

标点须全角输入。使用中式标点符号：“”为平常引号；‘’为第二级引号（即引号内之引号）；《》用于书籍及篇章标题，如《新闻学研究》。

4. 数字

一般数字（如日期、页码、注释号码、百分比等）采用阿拉伯数字。标题中的数字图表号码、中国传统历法日期等采用中国数字书写。

5. 引文

（1）直接引述，须加引号，并用括号注明引文出处。

例1　“……。”（方汉奇，2004：3－4）

例2　陈力丹（2015：3－4）指出：“……。”

（2）引文较长，可独立成段，无须引号，但每行要空出四格，上下各空一行，并在适当位置注明引文出处。

（3）间接引述，须标明出处。

例1　于建嵘（2007）认为……。

例2　其他学者亦有类似见解（孙旭培，1999；袁军、韩运荣，2000；

祝建华，2001；陈卫星，2011）。

（4）引文有多个出处，一般以出版年份排列，并以逗号分隔。

6. 翻译

征引外国人名、外文书籍、专门词汇等，可沿用原名。若采用译名，则须在正文首次出现处，附上外文原名于括号内。

7. 注释

（1）注释附于正文之后、参考文献之前。正文注释用阿拉伯数字编号，如 1、2、3 ……，置于标号符号后的右上角。

（2）注释内引文形式与正文同。

8. 图表

（1）标题置于图表上方，注记置于下方。

（2）图表置于文中适当位置，超过一页者一般附录于参考文献之后。

（四）参考文献

（1）仅需罗列文稿曾征引之文献。

（2）中西文书目并存时，先排中文，后排西文。

（3）中文作者（或编者）以姓氏笔画排序；英文作者（或编者）以字母次序排列。中文作者（或编者）用全名，英文作者（或编者）姓在前，名缩写于后。

（4）同一作者的著作，按出版年份排列，新著在前，旧著在后。若出自同一年份，在年份后标示 a、b、c，如（2002a）、（2002b）、（2002c）。

（5）文献数据一般包括作者姓名、出版时间、标题、卷/期数、页数、出版地、出版社等。

（6）范例

1）期刊论文

例 1　祝建华（2001）：《中文传播研究之理论化与本土化：以受众及媒介效果整合理论为例》，载《新闻学研究》，第 68 期，第 1 ~ 22 页。

例 2　Huang, Y. H. (2000). The personal influence model and gao guanxi in Taiwan Chinese public relations. Public Relations Review, 26, 216 - 239.

例 3　（作者多于一位）Grunig, J. E., Grunig, L. A., Sriramesh, K., Huang, Y. H., & Lyra, A. (1995). Models of public relations in an international setting. Journal of Public Relations Research, 7 (3), 163 - 187.

2）研讨会论文

例1　徐美苓:《新闻乎？广告乎？医疗风险信息的媒体再现与伦理》，“中华传播学会2004年学术研讨会”论文，澳门，2004年7月。

例2　Peng, B. (2003, May). Voter cynicism, perception of media negativism and voting behavior in Taiwan's 2001 election. Paper presented at 2003 International Communication Association Annual Conference, San Diego.

3）图书

例1　雷跃捷:《新闻理论》，中国传媒大学出版社，1997。

例2　单波、石义彬、刘学编《新闻传播学的跨文化转向》，上海交通大学出版社，2011。

4）文集篇章

例1　汪琪:《全球化与文化产品的混杂化》，载郭镇之编，《全球化与文化间传播》，北京广播学院出版社，2004，第240~254页。

例2　Grunig, J. E. (1992). Communication, public relations, and effective organizations: An overview of the book. In J. E. Grunig (Ed.), Excellence in public relations and communication management (pp. 1 - 30). Hillsdale, NJ: Lawrence Erlbaum Associates.

5）译著

例1　约瑟夫·斯特劳巴哈、罗伯特·拉罗斯:《信息时代的传播媒介》，熊澄宇等译，清华大学出版社，2002。

6）学位论文

例1　李艳红:《弱势社群的公共表达——当代中国市场化条件下的城市报业与“农民工”》，未出版博士论文，香港中文大学，2004。

例2　Wilfley, D. E. *Interpersonal analyses of bulimia: Normal - weight and obese. Unpublished doctoral dissertation*, University of Missouri, Columbia.

7）报纸

例1　林鹤玲:《媒体如何摆脱政治纠葛?》，《中国时报》，2001年10月30日第15版。

例2　《明报》:《报评会成立，接受私隐投诉》2000年7月26日第

A5 版。

8）网上文章/文件

例 1　胡正荣:《后 WTO 时代我国媒介产业重组及其资本化结果》，中华传媒网，http://academic.mediachina.net/article.php? id = 5149，检索日期：2010 年 2 月 14 日。

9）其他范例请参考英文 APA 格式。

湖北大学《文化与传播研究》编辑部

图书在版编目(CIP)数据

文化与传播研究. 2018 年卷 / 廖声武主编. -- 北京:
社会科学文献出版社, 2019.6
ISBN 978 - 7 - 5201 - 4444 - 5

Ⅰ. ①文… Ⅱ. ①廖… Ⅲ. ①文化传播 - 研究 Ⅳ.
①G0

中国版本图书馆 CIP 数据核字(2019)第 040776 号

文化与传播研究(2018 年卷)

主　　编 / 廖声武

出 版 人 / 谢寿光
责任编辑 / 周　琼
文稿编辑 / 张　弦

出　　版 / 社会科学文献出版社 · 社会政法分社(010)59367156
地址: 北京市北三环中路甲 29 号院华龙大厦　邮编: 100029
网址: www.ssap.com.cn
发　　行 / 市场营销中心(010)59367081　59367083
印　　装 / 三河市东方印刷有限公司

规　　格 / 开　本: 787mm × 1092mm　1/16
印　张: 13.25　字　数: 200 千字
版　　次 / 2019 年 6 月第 1 版　2019 年 6 月第 1 次印刷
书　　号 / ISBN 978 - 7 - 5201 - 4444 - 5
定　　价 / 79.00 元